홍쌤의 수학 talk 톡하자

홍선호 지음

수와 평면도형 1

교우미디어

머리말

재미있는 이야기는 어느 누구나 좋아합니다. 그래서 재미있는 이야기를 활용하면 기억에도 오래 남고 학습효과도 크게 올릴 수 있습니다. 수학에서 사용하는 용어나 개념이 하나씩 만들어질 때마다 그에 얽힌 이야기가 하나쯤은 만들어지는데, 그 이야기를 재미있게 꾸며서 읽을거리로 만들었습니다.

과학과 기술이 매우 빠르게 발전하고 있는 오늘날에도 수학은 결국 사람의 필요에 의해 만들어낸 학문이라는 사실을 알아야 합니다. 그리고 이 책을 읽어 나가는 동안, 이 책에 실린 이야기를 읽고 수학을 좋아하게 되는 아이들도 분명히 생겨날 것입니다. 그 중에는 수학의 매력에 푹 빠지게 되는 아이들도 있을 것이며, 훗날 위대한 수학자로 자라날 아이들도 있을 것입니다.

이 책은 다양한 방법으로 활용할 수 있습니다. 수학 시간을 좀 더 재미있게 진행하기 위해서 선생님이 큰 소리로 이 책에 나온 이야기를 읽어 줄 수 있습니다. 일주일에 한두 개의 이야기를 읽어 주는 것만으로도 아이들은 수학의 개념과 원리의 멋진 부분을 알게 될 것입니다. 그리고 수학의 개념을 설명할 때, 이 책에 나온 이야기들을 활용해도 됩니다.

또한 아이들이 직접 책을 읽거나 수업 시간, 혹은 수업이 끝나고 나서 조를 이루어 이야기를 읽어 나가도록 해도 좋습니다. 무엇보다 각 장마다 개별적인 이야기를 다루고 있고 내용도 짧아서 쉽게 읽을 수 있을 것입니다.

이 책을 읽어 나가는 동안 여러분은 수학의 용어와 개념의 의미를 쉽게 알게 될 것입니다. 처음부터 끝까지 한 번에 읽어 버릴 수도 있겠지만, 한 번에 한 가지 이야기만 읽는 편이 더 재미있을 수 있습니다.

아무쪼록 이 책을 통해서 많은 사람들이 수학을 더 좋아하고, 흥미를 느낄 수 있었으면 좋겠습니다.

홍선호

Contents

홍쌤의 수학톡하자 - 수

홍쌤의 수학톡하자 - 수

Contents

홍쌤의 수학톡하자 - 수와 연산

홍쌤의 수학톡하자 - 연산

Contents

홍쌤의 수학톡하자 - 각과 각도

홍쌤의 수학톡하자 - 삼각형

Contents

홍쌤의 수학톡하자 - 사각형

홍쌤의 수학톡하자 - 원

홍쌤의 수학톡하자 - 수

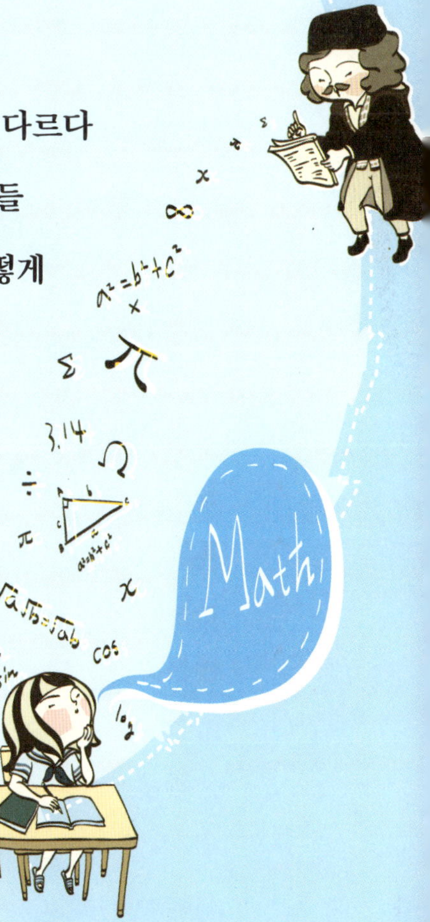

홍쌤의 수학톡하자

-1

까마귀는 수를 셀 수 있을까?

한가로운 시골 마을로 한 귀족이 이사를 오게 되었습니다. 이 귀족에게는 골칫거리가 하나 있었습니다. 바로 새 집 망루에 둥지를 틀고 울어대는 까마귀 때문입니다. 마을 사람들이 모두 잠든 밤이면 까마귀는 까악 까악 하고 시끄럽게 떠들며 돌아다녀 사람들을 깨우곤 했습니다. 그런가 하면 망루로 올라오는 사람들을 부리로 쪼아 다치게 만드는 통에 결국 귀족이 이사 오기로 한 집의 전 주인도 이 까마귀 때문에 다른 마을로 가게 된 것입니다. 이사를 오고 나서야 이 사실을 알게 된 귀족은 지나가는 마을 사람을 붙잡고 까마귀에 대해 물어보았습니다.

"당신들은 왜 저 시끄럽고 고약한 까마귀를 잡지 않는가?"

마을 사람이 대답했습니다.

"웬걸요, 전에 살던 이 집 주인부터 동네 사람들까지 모두 까마귀를 잡으려고 눈에 불을 켰었죠."

이 말을 들은 귀족은 잘 이해가 가지 않는다는 듯 되물었습니다.

"아니, 그 많은 사람들이 달려든 일인데 왜 아직도 저 까마귀는 마을을 돌며 저렇게 시끄럽게 울어대는 것이냐? "

"그놈의 까마귀란 놈이 영리하게도 숫자를 셀 수 있지 뭡니까?"

귀족은 자신의 귀를 의심했습니다.

"뭐라고? 까마귀가 수를 셈할 줄 안다는 말인가?"

그의 질문에 마을 사람은 당시의 일을 설명해주었습

니다.

“알다마다요, 글쎄 그 까마귀가 망루 근처에 사람만 나타났다 하면 어디론가 도망가서 하루 종일 나타나지 않는 겁니다.”

“그렇다면 빈 둥지를 없애서 다시는 망루에 못 오도록 하면 되지 않느냐?”

귀족의 말에 마을 사람은 고개를 저으며 말했습니다.

“아, 글쎄 둥지를 없애도 또 짓는 것이 아닙니까? 그런 날 밤이면 밤새 집을 짓느라고 더 시끄럽게 울어댔죠.”

“그것이 수를 세는 것과 무슨 연관이 있단 말이지?”

마을 사람은 말을 이었습니다.

“하루는 매일 까마귀를 잡을 묘책만 생각하던 이 집 전 주인이 그 망루에 하인 둘을 시켜 올라가게 했습죠.”

“아니, 한 사람만 근처에 있어도 나타나질 않는 녀석인데 둘씩 들어간다고 무슨 뾰족한 수가 있었겠느냐?”

고개를 갸웃하는 귀족에게 마을 사람은 말했습니다.

“둘이 들어가 하나가 그 망루에서 내려오는 모습을 보면 이 녀석이 사람이 가는 줄 알고 나타날 줄 알았던 겁니다.”

귀족은 고개를 끄덕였습니다.

"그럴 듯 하군. 그래서 어찌 되었지?"

"글쎄 한 사람이 나갈 때까지 나타나지 않고 있다가 나머지 한 사람이 망루를 나오자마자 둥지로 돌아가지 뭡니까? 이것이 영리한 까마귀가 아니고 무엇이겠습니까? 결국 여러 방법을 써보던 전 주인도 저 까마귀를 내쫓지 못하고 다른 마을로 가게 된 셈이죠."

마을 사람의 말을 듣고 더욱 마음이 불편해진 귀족은 즉시 '골칫덩어리 까마귀를 잡아주는 사람에게는 큰 상을 내리겠다.'는 소문을 멀리 있는 마을까지 퍼트렸습니다.

며칠이 지난 어느 날, 다른 마을에 사는 한 청년이 까마귀를 잡겠다며 귀족의 집을 찾아왔습니다. 눈빛이 똘망한 청년은 남루한 차림새였지만 얼굴에는 총명한 빛이 나는 사내였습니다. 그런 청년을 반기며 귀족은 말했습니다.

"어서 오시게. 저 멀리 마을에서 왔다던데, 그곳에서는 무엇을 하며 살고 있는가?"

"근근이 산에서 나무를 잘라와서 그것을 팝니다."

귀족은 그의 대답에 고개를 끄덕였습니다.

“그래, 나무를 하느라 하루 종일 산에 있다 보면 새들과 시간을 보내는 일이 많겠군.”

“그렇습니다. 본래 나무꾼은 하루 중 대부분의 시간을 사람보다는 동물들과 함께 보내는 일이 많은 사람들이니까요.”

그 말을 들은 귀족은 기뻐하며 물었습니다.

“그래, 그렇다면 저 까마귀란 녀석에 대해서도 아주 잘 알테지?”

“그렇습니다. 그래서 이곳에 오게 되었습니다.”

믿음직스러운 청년을 보며 귀족은 매우 흡족해 했습니다.

다음 날, 청년은 귀족에게 사람을 모아 달라고 부탁했습니다. 그리고 모인 사람들 중 세 명에게 부탁했습니다.

“세 분은 망루에 올라가서 까마귀가 떠난 뒤 한 명씩 차례로 나와 주십시오.”

사람들은 청년이 시키는 대로 올라가 시간을 두고 한 명씩 차례대로 망루를 빠져나왔습니다. 그러나 까마귀는 세 명의 사람이 다 나오도록 나타나지 않았습니다. 방법이 실패하자, 이번에 청년은 네 명의 사람을 망루로 올려 보냈습니다. 역시 이번에도 까마귀는 망루에 있던 네 명 모두가 그곳을 떠날 동안 나타나지 않았습니다. 청년이 하는 모양을 보고 있던 귀족은 실망하여 그에게 말했습니다.

“이 방법은 전 주인도 썼던 방법이라네. 영리한 까마귀라는데 똑같은 방법이 통하겠는가?”

그러나 청년은 묵묵히 이번에는 다섯 명의 사람들을 모았습니다.

“아니, 번번이 실패하는데 계속 이렇게 사람 수만 늘린다고 되는 일인가?”

모인 사람들은 청년을 보고 한마디씩 하였으나 청년은 빙그레 웃기만 하며 마지막으로 한 번만 더 시도해 보자고 사람들을 설득했습니다. 결국 그의 설득에 다섯 명의 사람들은 투덜대면서도 또 다시 망루로 올라가게 되었습니다. 네 명의 사람이 망루를 빠져 나오자 사람들은 유심히 하늘을 보았습니다. 그러나 까마귀는 모습조차 보이지 않았습니다.

“그것 봐, 쓸데없는 일이라니까.”

마을 사람들은 실망하여 돌아갈 채비를 하였습니다. 그

런데 그 순간, 어디선가 '까악' 소리가 나더니 영리한 까마귀가 유유히 하늘을 날아 둥지로 돌아오는 것이 아닙니까? 결국 까마귀는 청년의 손에 잡히게 되었습니다.

이 소식을 들은 귀족은 크게 기뻐하며 청년에게 상을 내리며 물었습니다.

"아니, 어찌하여 이렇게 간단한 방법으로 저 까마귀를 잡을 생각을 해냈는가?"

청년이 말했습니다.

"예, 까마귀가 다니는 나무마다 부리 자국을 발견했습니다. 그런데 아무리 봐도 부리로 세 번, 네 번 쪼아 낸 자국은 있어도 그보다 더 깊은 자국은 발견하지 못했습니다."

"과연, 나무꾼이라 나무가 파인 정도쯤은 정확하게 알겠군. 그러나 어찌 수를 셀 줄 아는 저 까마귀를 그렇게 시험할 생각까지 했지? 만일 백 명이 들어갔는데도 나오지 않았으면 어쩌려고 그랬는가?"

그러자 나무꾼 청년이 웃음 지으며 말했습니다.

"까마귀니까요." ★

☝ - 2

양을 아는 것과 수를 세는 것은 다르다

행복동에서 가장 유명한 사람이 누구냐고 묻는다면 사람들은 입을 모아 '똘이 엄마'라고 대답합니다. 도대체 무슨 이유에서일까요?

오늘도 똘이 엄마 손에는 무언가가 쥐어져 있습니다. 오래돼 보이지 않는 어린이용 노트입니다. 일거리를 마친 동네 주민들이 하나 둘 커다란 나무 밑 평상에 모이는 시간이면 어김없이 똘이 엄마가 나타납니다.

"저 아줌마는 하루도 안 거르고 나타나네."

"그러게나 말이에요. 매일 똑같은 말을 하는데 지겹지도 않은가봐요."

마을 사람들은 멀리서부터 걸어오는 똘이 엄마를 보고 벌써부터 인상을 찌푸립니다. 그 중 가장 마음이 불편한건 단연 영희 엄마입니다. 똘이와 어려서부터 짝꿍처럼 붙어다니는 영희가 항상 똘이 엄마의 비교 대상이 되었기 때문입니다. 똘이 엄마는 자식 자랑하기로 동네에서 가장 유명한 사람이었던 것이죠.

"아유~ 여기들 계셨네, 오늘도 안녕들 하시죠?"

웃으며 사람들에게 말을 붙이는 똘이 엄마를 반갑게 받아주는 사람은 아무도 없습니다.

"어제도 안녕했는데 오늘이라고 뭐 다르겠어요? 매일 보면서 새삼스럽게 그런 걸 왜 물으신데요?"

영희 엄마가 마지못해 대답해줍니다. 기다렸다는 듯이 똘이 엄마의 자식 자랑이 시작됩니다.

"아니 글쎄, 우리 똘이가 하도 기특해서 사람들한테 꼭 말해주고 싶지 뭐예요?"

"어제도 그러지 않았어요?"

"아이, 어제는 다른 일이었고 여하튼 들어봐요. 우리 똘이가 유치원에서 숫자를 배웠나봐요. 그런데 집에 와서는 하루 종일 이 노트만 붙들고 뭘 쓰는 거예요."

그러더니 똘이 엄마는 손에 보물처럼 쥐고 왔던 노트를 꺼내 사람들 앞에 내놓습니다. 이야기를 듣다가 궁금해진 사람들도 하나 둘 관심을 기울입니다. 그냥 보기에는 평범한 노트를 펼치자 비뚤비뚤 써진 숫자들이 보입니다.

1, 2, 3, 4, 5, 6, 7, 8, 9,
10, 11, 12, ………… 98, 99,
100

노트 한 바닥마다 1부터 100까지의 숫자들이 가득 메워져 있습니다. 사람들이 하나 둘 그것을 읽어 보자 의기양양해진 똘이 엄마는 이내 자식 자랑을 하기 시작합니다.

"글쎄, 우리 똘이가 아시다시피 다섯 살 밖에 안됐잖아요. 영희랑 같은 나이인데도 열심히 집에 와서 숫자를 쓰더니 이제는 100까지 헷갈리지도 않고 단숨에 쓸 수 있지 뭐예요."

영희 엄마의 마음이 더욱 안좋아졌습니다. 똘이 엄마는 항상 똘이 자랑을 할 때마다 영희가 못하는 일을 똘이는 할 수 있다고 말해왔기 때문입니다. 한두 마디로 끝나는 자랑이면 유명하지도 않았겠죠, 또 다시 똘이 자랑에 푹 빠진 똘이엄마는 말을 이어갑니다.

"저번에는 유치원에서 가장 먼저 신문을 읽을 줄 알아서 국어능력이 아주 특출 나구나 하고 생각했었는데, 이번에 보니까 국어보다 수학 쪽에 재능이 있는 것도 같아요. 그렇지 않고서야 어떻게 다섯 살밖에 안 된 애가 저렇게 훌륭하게 숫자를 쓸 수 있겠어요. 안그래요, 영희 엄마?"

이제 영희 엄마의 표정은 더더욱 좋지 않아졌습니다. 때 마침 유치원을 마치고 돌아오던 영희가 엄마에게 달려옵니다.

"어머, 영희구나. 우리 똘이는 어디 있니?"

똘이 엄마가 영희를 누구보다 반갑게 맞아줍니다.

"연필 깎고 온대요, 여기서 만나기로 했어요."

영희의 말에 똘이 엄마는 더더욱 신이납니다.

"그래, 우리 똘이는 공부를 더 열심히 하려고 내일 쓸 연필도 미리 깎는구나."

"네, 엄마 저 사탕 하나만 뽑아먹고 싶은데 잔돈 바꿔 주실 수 있어요?"

영희가 주머니에서 50원짜리 두 개를 꺼내며 엄마에게 갑니다. 100원짜리 뽑기 사탕을 먹고 싶은가 봅니다. 영희 엄마는 주머니에서 100원짜리 동전 하나를 꺼내 줍니다. 이런 좋은 순간을 놓칠 리가 없는 똘이 엄마는 영희에게 말을 겁니다.

"얘, 영희야. 너 그 동전이 얼마인줄 아니?"

"100원이요."

"아니 아니, 동전에 숫자가 써 있잖아. 그 숫자가 뭔줄 아냐니까?"

영희는 망설이다가 또 다시 100원이라고 대답합니다. 그 광경을 지켜보다가 얼굴이 빨개진 영희 엄마의 어깨를 다독이며 똘이 엄마가 말합니다.

"괜찮아, 영희 엄마. 원래 저 나이에는 잘 모르는 게 정상이야. 우리 똘이가 똑똑해서 그런 거니까 너무 마음 쓰지 말아요."

위로하는 척하며 웃는 똘이 엄마가 얄미워 죽겠다는 표정으로 영희 엄마는 주머니의 동전만 짤그랑 댑니다. 마을 사람들은 안됐다는 표정으로 영희 엄마를 보고 있네요.

100원짜리를 받고 동전 지갑을 챙겨드는 영희 뒤로 똘이가 옵니다.

"어서와, 우리 똑똑한 똘이. 오늘 유치원에서 뭘 배웠니?"

"오늘은 '소문난 잔치에 먹을 것 없다'라는 속담을 배웠어요."

"그래, 그게 무슨 뜻인데?"

"소문난 것일수록 오히려 볼품없다는 뜻이래요."

"대견한 우리 아들, 잘 배웠네. 너도 영희랑 같이 뽑기 사탕 사먹으렴."

똘이 엄마도 100원짜리 하나를 꺼내 똘이에게 줍니다.

"고맙습니다, 엄마."

인사를 하고 가려는 똘이를 영희 엄마가 부릅니다.

"똘이야, 잠깐 기다려봐."

영희 엄마는 주머니 속에 있던 10원짜리 두 개를 꺼내 똘이에게 내밀며 이렇게 말합니다.

"똘아, 네가 수학을 잘한다고 하니까 아줌마가 특별히 동전 두 개로 바꿔줄게. 어때, 바꿀래?"

똘이는 망설임 없이 기쁜 표정을 짓더니 그러겠다고 크게 고개를 끄덕입니다. 그러고는 잽싸게 100원짜리와 10원짜리 두 개를 맞바꾸고는 영희에게 자랑하듯이 뛰어갑니다. 자, 이제 똘이 엄마의 표정이 어떻게 되었을까요? 영희 엄마의 표정은 다시 환해진 것 같습니다.

그 뒤로 마을 사람들이 모이는 그 자리에서 매일 아들 자랑을 하던 똘이 엄마의 모습은 찾아볼 수 없게 되었답니다. ★

1-3 수보다 셈을 먼저 한 옛날 사람들

지금으로부터 아주 먼 옛날, 원시 시대에 몽당뚱 마을에서 있었던 이야기입니다. 몽당뚱 마을은 달의 신을 믿는 부족으로 한 명의 추장과 가족 단위로 집을 짓고 화목하게 살아가는 사람들의 마을이었습니다. 사람들은 항상 풍족한 곡식을 수확할 수 있도록 초승달, 반달로 변하며 날짜를 알려주는 달의 신에게 감사하는 마음으로 기도를 드렸고, 달이 지켜보는 밤에는 절대 살아있는 동물을 사냥하지 않았습니다. 몽당뚱 마을을 통치하는 추장은 달의 신이 인정하는 가장 지혜롭고 현명한 사람이었습니다. 때문에 모든 고민이나 마을의 큰 일이 생기면 항상 추장과 주민들이 의논 후 결정하였고 그 방식은 후대의 자손들에게 매우 좋은 영향을 끼쳤답니다.

이런 평화롭고 아름다운 몽당뚱 마을에 둥근 달이 떠올랐습니다. 곡식이 노랗게 물들고 나무에 열린 단단한 주황색 열매가 달콤한 향을 풍기며 물렁해지는 이 시기에는, 매 해 거르지 않고 모든 마을 주민들이 한 곳에 모여 달의 신에게 감사기도를 드립니다. 올해에도 어김없이 마을 사람들은 저 멀리 뜨기 시작하는 둥근 달을 보고는 하나 둘 기도를 드리는 동굴로 모여들기 시작했습니다. 이 동굴은 누군가가 달의 신을 위해 만들어 놓은 것처럼 한 구석의 윗부분이 뚫려있는 아주 신비로운 동굴입니다. 이곳을 통해 사람들은 둥근달을 좀 더 아름답게 관찰할 수 있습니다. 아침부터 깨끗한 옷을 차려입고 마을 사람들을 기다리고 있던 추장이 동굴로 들어오는 사람 한 명 한 명마다 이름을 부르며 반갑게 인사해 줍니다.

"어서 오시게 티탄. 결혼을 축하하네."

"감사합니다. 추장님. 건강하세요."

모든 마을 사람들이 한 곳에 모이는 것은 일 년에 단 한 번 있는 날이라서 모두들 반가운 얼굴들입니다. 서로 인사를 나누며 안부를 묻는 사람들을 흐뭇하게 바라보시는 추장님의 하얀 머리카락이 달빛에 따듯하게 녹아드는 것 같습니다. 나이가 지긋하게 드신 추장님은 30년 전부터 추장의 자리에서 항상 사람들의 고민과 행복을 돌보아주던 분이셨습니다.

언제부턴가 추장님은 기도를 드리는 동굴에 작은 돌무덤을 하나 만들었습니다. 사람들은 그것이 무언인지 정확하게 알지 못했지만 기도를 드리는 데 필요한 물건이려니 하고 생각했었습니다. 추장님은 기도드리는 밤이면 늘 사람들을 맞으며 돌무덤 옆에서 그것들을 조금씩 쌓아 올렸습니다.

드디어 하늘에 떠오른 달이 검은 밤빛에 더욱 환하게 비추는 시간이 왔습니다. 이제 기도를 시작할 때임을 알리는 것입니다. 인사를 나누던 사람들의 미소띤 얼굴들이 엄숙하게 변하고 시끌벅적하던 동굴도 어느새 고요한 침묵으로 가득 찼습니다. 모두 한 손에 들고 온 곡식이나 사냥한 동물들을 제단에 올려놓으며 한 해의 소망을 기원합니다.

'올해는 자식 한 명만 더 낳게 해주세요.'

'우리 아픈 아들이 빨리 낳게 해주세요.'

'옆집 쿵스와 꼭 결혼하게 해주세요.'

다들 저마다의 소원을 빌며 밤이 서서히 깊어갑니다. 그러나 추장님은 의식이 시작할 때가 되었는데도 아직 아무런 미동이 없으십니다. 예전 같았으면 벌써 시작하고도 남았을 의식인데 올해는 왜 이리도 늦어지는 것일까요? 엄숙해진 분위기와 함께 추장님은 자리에 앉은 채 지그시 눈을 감고 계십니다.

시간이 꽤 흐르도록 미동 없이 앉아 있는 추장님을 보면서 마을 사람들은 수군대기 시작합니다.

"도대체 의식은 언제 시작하는거람?"

"그러게. 도대체 시간이 이렇게 됐는데 추장님은 왜 시작을 안하시지?"

"주무시는거 아닌감…? 아까부터 눈만 감고 계시던

데…."

하나 둘 시작한 물음이 이제는 동굴을 소란스럽게 만들고 있습니다. 나서서 말하는 사람은 없지만 사람들은 추장님이 이상한 것 같다며 걱정과 의심을 하기 시작했습니다.

"추장님!"

마을 청년 중 한 명이 나서서 추장님을 불렀습니다. 청년의 물음에 동굴은 순식간에 조용해지고 감고 있던 눈을 지그시 뜬 추장님이 물음을 던진 청년을 응시했습니다.

"도대체 이렇게 시간이 되도록 의식을 시작하지 않는 이유는 무엇입니까?"

청년의 질문에 추장님은 잠시 뜸을 들이고는 고요한 목소리로 말했습니다.

"아직 마을 사람들이 다 모이지 않았소. 의식은 모든 주민이 함께 했을 때 의미가 있는 것이라는 걸 모르시오?"

"아는 얼굴들은 모두 자리에 모였습니다. 인사까지 나누었습니다. 그런데 어째서 의식만 시작하지 않으시니 묻는 겁니다."

답답한 듯 말하는 청년의 질문에 추장님은 뒷짐을 지고 있던 손을 앞으로 펴 보였습니다.

"아직 이 만큼의 마을 주민이 오지 않았소."

추장님의 손에는 옆에 놓인 돌무덤의 돌들과 같은 크기의 작은 돌 두 개가 놓여 있었습니다. 모두 정체를 알 수 없어 하던 돌무덤은 바로 마을 주민들의 수를 셈하기 위해 추장님이 만들어 놓은 방법이었습니다. 마을 사람들은 서로의 얼굴을 바라보며 이 자리에 빠진 사람이 누구인가를 곰곰이 생각하기 시작했습니다. 주민들 모두가 모였다고 말했던 청년 역시 추장님의 말대로 빠진 두 사람이 누구인가를 찾기 시작했습니다.

"자기 이웃이 오지 않은 집이 있으십니까?"

청년이 사람들을 향해 물었습니다.

"우리 옆집과 앞집 사람들은 모두 왔소."

"우리 집도 마찬가지요."

사람들은 두리번거리며 이웃을 찾았고 모두들 서로의 얼굴을 확인했습니다. 잠시 후 누군가가 말했습니다.

"이 사람의 아내가 오지 않았소."

말을 한 주민이 가리킨 사내는 말을 하지 못하는 몽

당뚱 마을의 사람이었습니다. 누구보다 열심히 일하고, 주민들 모두에게 친절한 사람이었지만 말을 하지 못하는 이유로 인사를 나누지 못해 모두들 잠시 잊었던 것입니다.

"이보게, 미안하네. 다음부턴 절대 이러지 않겠네."

사람들은 그에게 한 마디씩 사과의 말을 건넸습니다.

"저기 누군가 옵니다!"

동굴 가장 바깥쪽에 있는 사람이 말했습니다. 멀리서 누군가가 뒤뚱거리는 걸음으로 천천히 동굴 안으로 들어오고 있었습니다. 바로 벙어리 사내의 아내였습니다.

"그럼 남은 한 사람은 누구지?"

의아해 하던 주민들은 벙어리 사내의 아내가 들어오자 일제히 추장님께 고개를 숙였습니다. 그녀의 뱃속에 몽당뚱 마을의 새 주민이 자라고 있었기 때문입니다. ★

1-4

우리 조상들은 수의 이름을 어떻게 만든걸까?

우리들이 부르고 있는 숫자들은 어떻게 생겨난 것일까요? 우리나라에서는 숫자 '1'을 '하나'라고 부릅니다. '하나'라는 이름은 '해(日)', 즉 태양에서 아이디어를 얻었으며, 숫자 '2'는 '둘'이라고 하는데 '둘'이라는 이름은 '달(月)'에서 아이디어를 얻었다고 합니다. 그리고 숫자 '3'을 '셋'이라고 부르는데 이 이름은 '설(年)'에서 나왔다는 주장이 있습니다. 이렇게 모든 숫자들은 그냥 생겨난 것이 아니라 자연이나 사물에서 이름을 빌려와 만들어진 것들이 많이 있습니다.

오래 전부터 우리나라에서도 손가락을 사용하여 수를 표현했는데, 옛날에는 두 손을 모두 사용하지 않고 한 손만을 이용하여 다음과 같이 수를 표현했습니다. 하나부터 다섯까지는 흔히 수를 셀 때 쓰는 방법과 같습니다. 엄지손가락부터 시작하여 새끼손가락까지 하나씩 접으면서 셉니다. 여섯부터는 접힌 손가락을 엄지손가락부터 펴면서 세면 됩니다. 양 손을 가지고 수를 세면

왼 손 오른 손을 각각 접으면서 열까지 셀 수 있지만, 한 손으로 수를 세는 법은 이렇게 손가락을 접었다 펴면서 이루어질 수 있습니다. 그림으로 본다면 더 확실하게 알 수 있습니다.

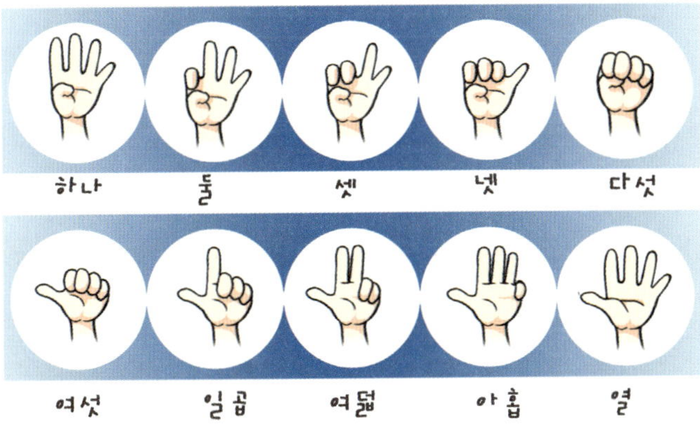

숫자 '5'는 '다섯'이라고 불렀는데, 그 이유는 그림에서 볼 수 있듯이 다섯 손가락이 모두 '닫혀 있다'라는 의미에서 생겨난 이름이며, 숫자 '10'은 '열'이라고 불렀는데, 그 이유는 다섯 손가락이 모두 '열려 있다'라는 의미에서 생겨난 이름이라는 이야기가 있습니다. 나머지 숫자들은 어떤 것에서 유래되어 만들어졌을까요? 여러분의 상상력을 발휘해보세요. ★

-5

수와 숫자의 관계는 무엇일까?

수를 '만든다'는 의미는 무엇일까요? 여러분이 사용하고 있는 한 자리 혹은 두 자리, 그 이상의 수들을 우리는 어떻게 숫자들로 만들어낼 수 있을까요?

가장 먼저 생각해보아야 할 문제는 수와 숫자가 어떻게 다른가를 아는 것입니다. 여러분은 수와 숫자의 차이점을 무엇이라고 생각하나요? 언뜻 보면 비슷해 보여서 사실 이 두 단어들을 혼용하여 사용하는 사람들이 많이 있답니다. '숫자'는 0부터 9까지 한 자리로 이루어진 수의 기본이라고 생각하면 됩니다. 그렇다면 '수'는 무엇일까요? 바로 이러한 숫자들로 만들어진 셈의 값입니다. 잘 이해가 안 가나요?

이렇게 생각해 봅시다. 지금 여러분의 눈앞에는 담을 쌓기 위해 필요한 빨간 벽돌이 하나 있습니다. 이렇게 생각해 보았을 때 숫자는 벽돌과 같은 것이고, 수는 이 벽돌로 쌓을 수 있는 담과 같습니다. 벽돌에는, 즉 숫자에는 위에서 말했듯이 0부터 9까지 10가지 종류가 있습니다.

자, 이렇게 한 자리의 숫자가 쓰여진 벽돌들이 10개가 있는 셈입니다.

우리는 3이라는 벽돌과 4라는 벽돌로 34와 43이라는 벽돌 2개짜리 담을 만들 수 있습니다.

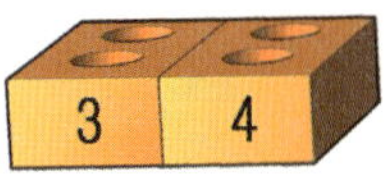

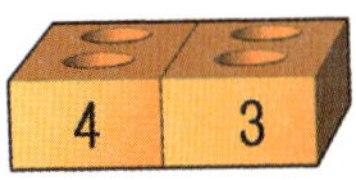

두 자리 수 뿐만 아니라 3, 5, 7, 8 네 개의 숫자 벽돌을 가지고 수 5783이라는 담을 만들 수도 있습니다.

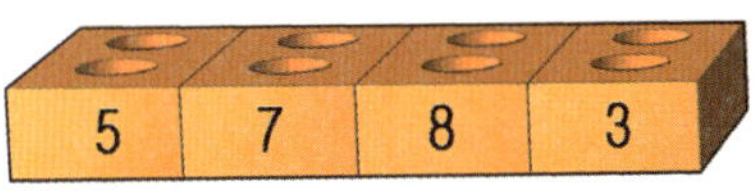

수학톡하자 1-5

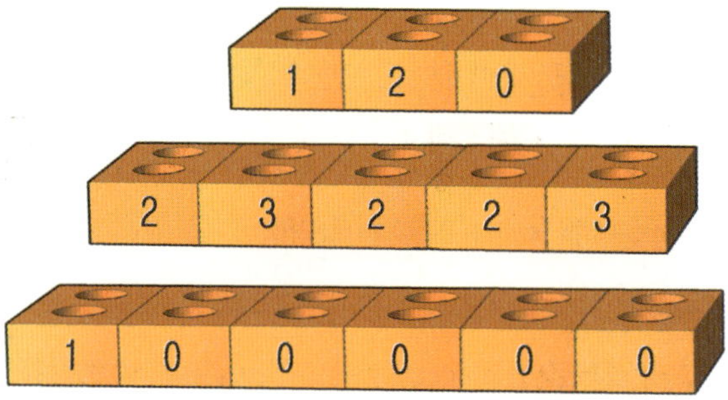

그리고 위 그림과 같은 120이나 23223, 또는 100000도 만들 수 있습니다.

자, 이제 숫자를 어떻게 나타내는지, 그리고 그 숫자들을 가지고 어떻게 수를 만드는지에 대해서 이해가 되었나요? 적어도 두 개념들을 헷갈려서 사용하는 일은 없도록 해야겠지요? ★

☝-6 위치적 기수법의 원리

수를 세는 방법은 여러 나라에서 각기 다른 방법으로 존재하고 있습니다. 시계나 컴퓨터 특수문자 등으로 자주 접할 수 있는 숫자들을 보면서 여러분은 어떤 생각을 했나요? 이러한 숫자들이 모두 특수문자라고만 생각하지는 않았나요? 우리는 사실상 우리가 사용하는 아라비아 숫자가 아닌 다른 나라의 숫자들을 잘 사용하지 않기 때문에 어떻게 보면 그렇게 생각하는 것이 이상한 일은 아닙니다. 유럽에서 널리 사용하던 로마 숫자나 중국의 숫자들을 제치고 오늘날 인도·아라비아 숫자가 우리나라뿐만 아니라 거의 전 세계에서 공통적으로 사용되는 이유는 바로 큰 수를 쓰고 계산할 때 매우 편리하기 때문입니다.

인도·아라비아 수는 '자릿값의 원칙'에 따라 쓰여집니다. '자릿값의 원칙'이란, 수가 어느 자리에 있느냐에 따라 그 값이 달라지는 것을 말합니다. 예를 들어 423이라는 수에서 4는 백의 자리에 있기 때문에 400을 의미하고, 2는 십의 자리에 있기 때문에 20을 의미하며, 3은 일의 자리에 있기 때문에 3을 의미하는 것입니다. 다시 말해서 그 숫자가 어느 위치에 있느냐에 따라서 그 숫자의 값이 결정된다고 해서 '위치적 기수법'이라고도 합니다.

그리고 위치적 기수법의 가장 큰 장점은 0부터 9까지 10개의 숫자만으로 아무리 큰 수일지라도 쉽게 표현할 수 있다는 것입니다. 이러한 숫자 표기 방식은 10 이후의 수에 대해 새로운 숫자를 다시 만들지 않고도 10개의 숫자로 자리만 늘려가면서 얼마든지 큰 수를 나타낼 수 있는 편리함을 가지고 있습니다. 이때문에 세계 어디를 가도 이러한 아라비아 숫자가 공용으로 사용되고 있는 것입니다. 이 아라비아 숫자들에 대해서는 나중에 좀 더 자세히 이야기해보도록 합시다. ★

-7

아라비아 숫자라는 이름이 생겨난 이유는 무엇일까?

우리가 흔히 아라비아 숫자라고 부르는 오늘날의 숫자는 사실 아라비아(지금의 서남아시아)에서 만들어진 것이 아니라 인도에서 만들어진 것입니다. 따라서 정확하게 말하자면 아라비아 숫자는 인도 숫자라고 불러야 옳을 것입니다.

그러나 우리는 왜 이 숫자들을 아라비아 숫자라고 부

르게 되었을까요? 그 이유는 우리가 현재 이처럼 편리한 숫자를 사용할 수 있는 데에는 아라비아인들의 공이 컸기 때문입니다. 왜냐하면 인도에서 만들어진 이 숫자를 아라비아인들이 수백 년 동안 잘 보존하고 유럽의 여러 나라에 전파했기 때문입니다. 따라서 오늘날의 숫자는 엄밀히 말하면 인도-아라비아 숫자라고 해야 정확한 표기가 되겠지만, 편의상 이 숫자를 널리 전파한 아라비아 사람들에 의해 '아라비아 숫자'라고 불리게 되었습니다. 이 숫자들은 아라비아인들을 통해 1300년경에 유럽으로 전해지면서 그 모양이 점차 바뀌게 되었으며, 시간이 지나면서 오늘날과 같은 모양이 되었습니다.

인도-아라비아 숫자가 처음 만들어졌을 때에는 그 개수가 모두 9개뿐이었습니다. 그리고 오랜 시간이 지난 후에 '0'이라는 숫자가 만들어졌으며, '0'이라는 숫자가 만들어지고 난 후에도 오랜 시간이 지나서야 비로소 숫자로 인정받게 되었습니다. 왜냐하면 '아무것도 없는', 즉 셀 필요가 전혀 없는 '0'이라는 숫자의 필요성을 전혀 느끼지 못했기 때문입니다. 이 아라비아 숫자에 '0'이라는 숫자가 어떻게 생겨나게 되었는지에 대해서는 다음 주제에서 다루게 될 것입니다. 우리가 사용하는 숫자들이 세계에서 공통으로 사용되고 있다는 것이 신기하게 생각된 적은 없었나요? 사실 1~9까지 표기되는 이 숫자들은 우리나라 숫자가 아니라 인도–아라비아 숫자랍니다. 편리한 셈 방식을 들여와 이용하는 세계 여러 나라에 바로 우리나라도 포함된다는 사실! 이 이야기를 통해 해외여행을 하다가 보이는 이 숫자들이 자랑스런 우리나라의 숫자라고 이야기하는 실수가 없도록 해야겠지요? 아라비아인이 되고 싶은 친구가 아니라면 말이죠. ★

홍쌤의 수학톡하자 - 수

홍쌤의 수학톡하자

2-1 자연스럽게 시작된 수 – 자연수

여러분은 자연수가 무엇이라고 생각하나요? 자연수라고 하면 떠오르는 수들에는 어떤 것들이 있나요? 여러분은 그 수들이 왜 자연수인지 혹은 왜 자연수가 아닌지 알고 있나요?

수학을 공부하다보면 많은 문제들이 자연수를 다루고 있다는 것을 알 수 있습니다. 앞으로 나올 똘이의 이야기를 통해 자연수가 왜 자연스러운 수인지를 생각해봅시다.

나무가 무성하게 우거진 한 산골 마을 외딴 움집에서 검소하게 살림을 꾸려나가는 아버지와 아들이 살고 있었습니다. 두 부자는 농사를 짓거나 사냥을 해서 근근이 먹을 것을 구해와 지내고 있었는데, 아들 똘이의 생일이 내일인 것을 알게 된 아버지는 똘이를 위해 생일상을 차려주기로 마음먹었습니다.

'커다란 사슴 한 마리를 잡으면 배부르게 먹을 수 있겠지?'

이렇게 생각한 똘이의 아버지는 아침 일찍부터 사냥 도구를 챙겼습니다. 오늘처럼 볕이 좋은 날이면 사슴들은 산꼭대기 근처로 나와 풀을 뜯는다는 것을 똘이 아빠는 알고 있습니다. 그곳에 가면 커다란 사슴 한두 마리쯤은 있을거라는 생각에 아버지는 가벼운 옷차림으로 정상을 향해 출발했습니다. 그러나 예상과는 달리 얼마 되지 않아 먼 하늘에서부터 먹구름이 몰려오기 시작하는 것이 보였습니다. 산을 오르던 아버지는 심상치 않은 날씨를 보다가 생각을 바꾸었습니다.

'여기서 더 올라가면 내려올 때 큰일이 나겠군. 오늘은

산 아래쪽에 있는 토끼를 잡는 것이 더 낫겠어.'

산을 오르던 것을 멈추고 오던 길을 되돌아가는 똘이 아버지의 머리 위로 급기야 굵은 빗방울이 뚝뚝 떨어지기 시작했습니다. 마음이 급해진 아버지가 발걸음을 서두르는 사이 번쩍 하는 빛이 나더니 하늘이 무너지는 소리와 함께 커다란 번개가 근처의 숲으로 떨어졌습니다. 다시 올려다 본 하늘은 먹구름을 가득 머금고 잔뜩 성난 얼굴을 하고 있었습니다.

'더 이상 숲속에 있다가는 번개를 맞아 죽을지도 모르겠다.'

뒷목이 서늘해진 아버지는 사냥할 마음을 접고 하늘을 살피며 조심스럽게 집으로 향했습니다. 그러나 아침 일찍부터 산을 오른 탓인지 갈 길이 멀기만 합니다. 시간이 갈수록 굵어지는 빗줄기를 뚫고 집으로 향하던 똘이 아버지의 귀에 이상한 소리가 들렸습니다.

'이게 무슨 소리지?'

주위를 둘러보며 소리가 난 곳을 찾던 아버지의 눈에 아까 떨어졌던 그 벼락을 맞았는지 커다란 나무 하나가 두 동강이 나 쓰러져 있는 것이 보였습니다. 소리는 바로 그 나무 아래에서 나고 있었습니다. 더 이상 머물렀다가는 빗줄기가 굵어져 곤란해지는 상황이었지만, 궁금해진 똘이 아버지는 쓰러진 나무 아래쪽으로 걸음을 옮겼습니다. 점점 나무 가까이에 다가가자 뚜렷해지는 형상은 바로 호랑이었습니다. 처음 그것이 호랑이인 것을 안 그는 깜짝 놀라 자리에 주저앉았지만, 예사롭지 않은 호랑이의 뒷모습에 주춤주춤 가까이 다가가 보았습니다. 그리고 그제서야 왜 그렇게 호랑이가 끙끙거리는 소리를 내고 있는지 알 수 있었습니다. 쓰러진 나무 탓에 맹수의 꼬리가 그 아래에 깔려있었던 것입니다. 비에 젖어 한참을 애썼는지 커다란 맹수는 이미 기진맥진해 있었습니다. 측은함을 느낀 똘이 아버지는 호랑이를 구해주려다가 잠시 생각에 빠졌습니다.

'이 호랑이 꼬리를 빼내는 순간 내가 잡아먹히는 것이 아닐까?'

아무리 다쳤다지만 사나운 야생동물의 앞에 무방비하게 있다는 것은 여간 위험한 일이 아니었습니다. 고민에 빠진 그의 귓가에 어린 호랑이들의 울음소리가 먼 어딘가에서 메아리 치는 것이 들렸습니다. 어미 호랑이처럼 보이는 커다란 호랑이가 그 소리에 구슬프게 대답하는 것을 본 아버지는 곧 마음을 다잡고, 있는 힘껏 쓰러진 나무를 들어 올렸습니다.

"너도 집에서 너를 기다리는 아이들이 있구나. 나도 내일 생일인 아들이 기다리고 있으니 서로 무사히 집으로 돌아가자꾸나."

아버지가 쓰러진 나무를 힘껏 들어 올리자 나무가 살짝 들어 올려지며 땅에서 떨어졌습니다. 호랑이는 그 틈을 놓치지 않고 다행스럽게 꼬리를 빼낼 수 있었습니다. 고맙다는 눈빛을 짓는 맹수에게 손을 흔들어주고 그도 무사히 집으로 돌아올 수 있었습니다.

"아버지, 왜 이렇게 늦으셨어요? 걱정했잖아요."

집 울타리 안으로 들어서는 아버지를 보며 똘이가 반갑게 달려왔습니다.

"오늘 사냥을 하러 저 산꼭대기까지 올라갈 참이었는데, 날씨가 짓궂어서…."

아버지는 오늘 똘이의 생일상을 위해 사냥을 하며 있었던 이야기를 자세하게 아들에게 설명해주었습니다. 물론 호랑이 이야기도 빠트리지 않았지요. 이야기를 모두 들은 아들은 아버지를 꼭 안으며 말했습니다.

"아버지, 저는 아버지가 험한 날씨와 위험한 맹수 속에서 이렇게 제 옆으로 살아 돌아오신 게 제게 가장 큰 선물이예요."

아들을 함께 안아주며 아버지는 흐뭇한 미소를 지었습니다.

하루 종일 내리던 비가 그치고 다음날은 거짓말처럼 화창한 해가 떴습니다. 아들의 생일상에 고기 한 점 올려주지 못하는 것이 마음에 걸렸던 아버지는 작은 동물 사냥이라도 해오려고 또 다시 일찍 집을 나설 채비를 했습니다. 그리고 문 밖으로 나가려는 순간, 어디선가 호랑이 울음소리가 들리는 것이 아니겠습니까? 급하게 문을 열어보니 똘이의 집 마당에 커다란 사슴 한 마리가 놓여있었습니다. 똘이 아버지는 저 멀리 느긋하게 산으로 돌아가는 호랑이의 뒷모습을 어제 호랑이가 그에게 지었던 것과 같은 눈빛으로 응시했습니다.

자연스럽게 시작된 수 - 자연수

위의 이야기에서 똘이의 아버지는 아들에게 사냥을 하지 못한 것에 대하여 어떻게 표현했을까요?

① 오늘은 영 마리 잡았단다.

② 오늘은 한 마리도 잡지 못했단다.

정답이 ②번이라는 것은 한 눈에 알 수 있겠죠? 이처럼 자연수는 말 그대로 '자연스럽게 나오는 수' 또는 '자연스러운 수'라는 의미가 담겨있습니다. 실제로 우리들의 일상생활 속에서도 자연수가 1부터 시작된다는 사실들은 곳곳에서 발견할 수 있습니다 예를 들어 '돈이 한 푼도 없다'라든지 '쌀이 한 톨도 없네'라는 식의 말 속에는 우리의 생각 속에 자연스럽게 시작되는 숫자가 1(일)이라는 사실을 증명하고 있는 것입니다. ★

✌-2

구골은 무엇일까요?

구골(Googol)은 1 뒤에 0을 100개 적어야 만들 수 있는 수입니다.

10000000000,0000000000,0000000000,0000000
000,0000000000,0000000000,0000000000,000
0000000,0000000000,0000000000

구골은 무엇일까요?

우리가 배웠던 큰 수의 이름을 떠올려 봅시다. '억' 정도면 큰 수일까요? 그런데 1억은 1 뒤에 0을 8개 적어야 하는 수입니다.

100,000,000

그러니 구골이 얼마나 큰 수인지는 짐작할 수 있습니다. 그렇다면 가장 큰 수는 얼마일까요? 그리고 구골이라는 수는 정말 가장 큰 수일까요?

가장 큰 수는 미국의 수학자 에드워드 카스너로부터 생겨나게 된 '구골'이라는 개념에서 출발합니다. 수학자인 에드워드 카스너는 작은 수 뿐만 아니라 굉장히 큰 수를 사용해서 수학 문제를 풀어야 하는 경우가 많았습니다. 그런데 이름 붙여지지 않는 큰 수를 어떻게 읽어야 할지 고민하는 삼촌을 위해 그의 조카가 구골이라는 단어를 만들어낸 것입니다. 이에 힌트를 얻은 카스너 박사는 구골플렉스(googolplex)라는 단어를 만들었습니다. 에드워드의 조카의 말을 빌자면 '1 뒤에 0을 계속 쓰다가 쓰러질 때까지 0을 쓰는 수'라는 의미를 가지고 있는 '구골'을 이용하며 만든 이 구골플렉스는 1 뒤에 구골 개의 0을 써 놓은 수입니다. 구골플렉스는 현재까지 이름을 가지고 있는 가장 큰 수라고 합니다. 그렇다면 구골이 아닌 우리가 잘 모르고 있는 큰 수들의 이름에는 어떤 것들이 있을까요?

항하사라는 수는 1 뒤에 0이 52개가 붙은 수입니다.

아승기라고 불리우는 수는 1 뒤에 0이 56개가 붙었습니다.

나유타라고 부르는 수는 1 뒤에 0이 60개가 붙습니다.

어쩌면 들어봤을지도 모르는 불가사의라는 수도 있는데요. 이 수는 1 뒤에 0이 64개가 붙는 수랍니다.

불교에서 사용하는 가장 큰 수의 개념인 무량대수는 숫자 1 뒤에 0이 68개 붙는 수입니다.

대부분의 이러한 큰 수들은 주로 불교 용어에서 많이 보게 되는데요, '아주 많은', '셀 수 없을 정도의' 같은 의미를 가지고 해석됩니다. 그래서 실제로 그것이 수로 어떻게 표기되는지 정확하게 아는 사람은 많지 않습니다. 그러나 여러분은 에드워드의 조카가 만들어낸 '구골'의 이야기를 통해 다른 큰 수들의 정확한 수치까지 알게 됐습니다. 이제 자랑할 일만 남았나요?

구골이라는 이름을 듣고 바로 눈치챈 친구가 있을지도 모르겠습니다. 바로 우리가 알고 있는 '구글(Google)'이라는 포털사이트의 이름과 구골이 비슷한 발음을 하고 있다는 것인데요. 예상한 것처럼 이 사이트의 이름 역시 '구골(Googole)'이라는 단어에서 만들어졌다고 합니다. 오타 때문에 생겨난 말이라는 소문도 있지만 확실한 사실은 아니라고 합니다.

어쨌든 이 세상에서 가장 큰 수인 '구골'의 이름을 딴 포털사이트는 '끝없이 많은 양의 정보를 가지고 있다'는 뜻을 나타내고 있다고 하네요. ★

- 3

우리의 정확한 나이는 몇 살일까요?

우리는 대부분 누군가가 나이를 물어보면 10살, 11살 등과 같이 자연수로 대답하게 됩니다. 하지만 이러한 자연수가 우리의 정확한 나이가 아니라는 사실을 알고 있었나요?

친구들에게 생일을 물어보세요. 분명 나이는 나와 같지만 태어난 달이 다를 겁니다. 나는 2월에 태어났는데 친구는 10월달에 태어났다면, 과연 나와 내 친구는 완전히 똑같은 나이일까요? 자신의 나이를 정확하게 표현하려고 10살이라고 했을 때, 사실 우리는 10살 2개월 혹은 10살 10개월 등으로 해가 아닌 달의 나이도 포함시켜야 합니다. 그런데 이렇게 연도와 달만을 가지고 정확한 나이를 측정했다고 할 수 있을까요? 그렇지 않습니다.

같은 10월달에 태어나도 1일에 태어날 수 있고 31일에 태어날 수도 있기 때문입니다. 그렇다면 이 두 친구 역시 같은 나이는 아닙니다. 여기서 더 정확하게 나아간다면 우리는 우리의 정확한 나이를 맞추기 위해 년, 월, 일, 시간, 초까지 정확하게 말해야 합니다.

그러나 생각해보세요.

"내 나이는 10살 4개월 20일 14시 23분 52초야."

여러분이 친구들에게 자신의 정확한 나이를 말합니다.

그런데 친구들이 다시 물어봅니다. 네 나이가 몇이니? 그럼 여러분은 또 다시 이렇게 말하게 될 겁니다.

"내 나이는 10살 4개월 20일 14시 23분 52초야."

그러나 이렇게 말하면 여러분은 여러분의 나이를 잘못 이야기한 것이 됩니다. 똑같이 자신의 나이를 말한 것이 왜 잘못 되었냐구요?

왜 나이가 똑같은 것이 잘못 되었는지 눈치챘나요? 맞습니다. 우리가 나이를 말하고 있는 이 순간에도 역시 시간이 흘러가고 있다는 사실을 잊어버리고 있는 것입니다. 그러니까 친구가 나의 나이를 다시 묻는다면

"내 나이는 10살 4개월 20일 14시 24분 1초야."

라고 지나간 시간까지 함께 계산해서 말하는 것이 정확하겠지요. 그러나 이렇게 정확하게 흐르는 매 순간을 계산해서 자신의 나이를 말하는 것은 여간 어려운 일이 아닙니다. 여러분은 할 수 있나요?

여러분이 말을 하는 그 순간마다 초는 흘러가고, 그렇게 된다면 정확한 자신의 나이를 말한다는 것은 무의미해집니다. 왜냐하면 나이를 말한 그 순간은 이미 과거가 되어 있고, 자신의 정확한 나이는 또 바뀌고 있을테니까요.

이러한 이유들로 사람들은 자신의 나이를 참값으로

나타내지 않고 근사값으로 나타냅니다. 여기서 근사값으로 수가 바로 자연수입니다.

따라서 누군가가 자신의 나이를 물어보면 고민하지 말고 자연스럽게 나오는 자연수로 말하면 됩니다. 여태껏 여러분이 대답했던 것처럼요. 괜히 자신의 정확한 나이를 말한답시고 초까지 계산해서 듣는 사람을 곤란하게 만드는 일은 없어야겠지요? ★

✌ - 4

0 이야기

0이라는 숫자는 어떻게 생겨나게 된 걸까요? 우리는 자연수가 자연스럽게 생겨나게 된 수라는 의미를 배우면서 0은 자연수가 아니라는 사실을 알게 되었습니다. 그렇다면 사람들은 왜 0이라는 숫자를 만들어 사용하기 시작했을까요?

0이 생겨난 곳은 그리스가 아니라, 일찍이 수를 추상화 시키는데 성공한 인도입니다. 로마나 중국처럼 수의 개념이 자릿수가 올라감에 따라 새로운 기호를 만들어야 하는 것과는 다르게 처음에 인도에서 숫자가 만들어졌을 때에는 1, 2, 3, 4, 5, 6, 7, 8, 9 이렇게 총 9개의 숫자들만을 가지고도 모든 수를 나타낼 수 있었습니다. 즉, 현재의 509는 5 • 9처럼 0대신 • 을 사용했습니다. 이 합리적인 방법 때문에 전 세계에서 공통으로 사용하고 있는 것이겠지요. 그런데 인도의 숫자 중에 왜 '0'이 처음부터 들어가 있지 않았을까요?

오늘날 우리는 '0'이라는 숫자를 당연히 받아들이지만, 옛날 사람들이 숫자를 처음 만들었을 때 '0'을 생각해내기란 결코 쉬운 일이 아니었습니다. 왜냐하면 숫자 '0'은 '없음'을 나타내는 기호이기 때문에 사람들은 없는 것을 셀 필요가 없었고, 셀 필요가 없는 것을 굳이 숫자로 표현해야 할 필요성을 느끼지 못했던 것입니다.

이런 이유로 숫자 0은 아주 오랜 시간 동안 존재하지 않다가 숫자의 개념이 만들어지고 난 오래 후 필요에 의해서 생겨나게 되었습니다. 처음에는 몰랐던 '0'이 왜 갑자기 필요해졌을까요? 바로 셈을 하고, 기록하기 위한 숫자를 사용하기 시작하면서부터였습니다. 숫자가

수학톡하자 2-4

만들어지고 셈이 발달하면서 사람들은 숫자를 계산하고, 기록하는 데 사용하기 시작했습니다. 이때 필요해진 것이 '0'인데, 이 숫자는 정확한 자릿값을 표현해주는데 큰 역할을 했습니다.

예를 들어 303이라는 숫자를 기록하려고 했을 때, 만일 0이라는 숫자가 없었다면 우리는 이것을 '3　3' 이라고 기록했을 것입니다. 똑같은 3자가 두 개 있지만, 왼쪽의 3은 백의 자리수이고 오른쪽의 3은 일의 자리수입니다. 때문에 우리는 이것을 '삼 삼' 이라고 읽지 않고 '삼백 삼'이라고 읽습니다. 그렇다면 이제 '0'이라는 숫자의 개념이 없다고 생각했을 때, 이것을 쓴 사람이 아닌 다른 사람들은 '3　3'이라는 기록을 보았을 때 이 숫자가 303인지, 3003인지, 혹은 30003인지 어떻게 구분해야 할 것인가 고민할 수밖에 없었을 겁니다. 그리고 303을 3 • 3이라고 계속해서 표현했다면, 현재 우리가 사용하고 있는 소수와 혼동을 일으킬 것입니다.

이렇게 숫자를 정확하게 기록하고 읽을 수 있는 '자릿값의 원칙'을 가능하게 만들어 주는 것은 '0'의 역할 때문이었습니다. 이 놀라운 발견을 통해 우리는 지금도 '0'

을 사용하여 수를 읽고 쓸 수 있는 것입니다.

처음 '0'이라는 숫자를 인도사람들은 아무것도 없다는 뜻의 수냐라고 불렀고 아라비아 사람들은 이것을 시프르라고 불렀습니다. 그리고 점점 나라 간의 상호 무역이 활발해지면서 국제 교류가 많아지고 '0'의 개념을 배운 이탈리아 상인들은 이 숫자를 제피로라고 고쳐 부르게 되었고, 그것을 어원으로 하여 지금의 '제로(Zero)'가 탄생하게 된 것입니다. ★

2-5

수를 읽는 방법

수를 읽는 방법

다음과 같은 세 자리의 수를 하나 떠올려봅시다. 그리고 이것을 소리내어 읽어봅시다. 여러분은 이 세 자리 수를 어떻게 읽습니까?

357
① 삼백 오십 칠
② 삼백 쉰 일곱

우리는 세 자리 수를 읽을 때 ①번처럼 읽기도 하고 ②번처럼 읽기도 합니다.

그렇다면 어떤 경우에 ①번처럼 읽고 또 어떤 경우에 ②번처럼 읽을까요?

처음 숫자를 배울 때 우리는 0부터 9까지의 열 개의 숫자를 정성껏 쓰고 그것을 '하나 또는 일, 둘 또는 이' 등과 같이 읽는다고 배웠습니다. 이때 누구나 '왜 수를 한 가지 방법으로 읽지 않을까?' 하는 생각을 해보았을 것입니다.

누구나 알고 있듯이 수를 읽는 방법에는 두 가지가 있

습니다. 일, 이, 삼, 사, 오 … 구십 구 … 와 같이 한자어로 읽는 방법과, 하나, 둘, 셋, 넷, 다섯, … 아흔아홉 … 처럼 우리나라말로 읽는 방법이지요. 우리가 보통 '온 몸이 아프다.' 라고 말할 때 '온'은 우리나라 말로 수 100을 읽을 때 사용하는 말입니다. 그러니 수 101을 우리나라말로 읽을 때에는 '온 하나'가 되겠죠. 1000 역시 '즈믄'이라는 우리나라말이 있습니다. 10000을 가리키는 말도 있습니다. 바로 '드먼' 인데요, 우리가 잘 알고 있는 '두만강'은 그 강의 지류가 만 개가 된다고 하여 '드먼강'이라고 불리다가 지금처럼 이름이 변하였다고 합니다. 그러나 지금은 이러한 큰 수의 이름들이 잘 사용되어지지 않고 있고, 백 이상의 수는 모두 한자어를 사용하고 있습니다.

하나, 둘, 셋, 넷 … 등으로 위의 수들을 읽는 방법을 우리는 사물의 수량을 셀 때 사용한다고 해서 '셈 수'라고 부릅니다. 이러한 셈 수들은 한자어로 읽지 않고 우리나라말로 읽어야 합니다. 예를 들어 '책상 위에 연필 5자루가 있어.'라는 문장이 있을 때, 우리는 이것을 '책상 위에 연필 오자루가 있어.'가 아니라 '책상 위에 연필

다섯 자루가 있어.'라고 읽는 것이 맞습니다. 큰 수 역시 마찬가지입니다. '책상 위에 연필 57자루가 있어.'를 읽을 때 어떤 학생들은 57의 수를 한자어로 '연필 오십 칠 자루가 있어.'라고 말하는 경우가 많은데, 사실은 '책상 위에 연필 쉰 일곱자루가 있어.'라고 말하는 것이 정확한 표현입니다.

하지만 이런 셈 수라도 예외는 있습니다. 셈을 하는 대상이 연속량이거나 이름, 번호를 나타내는 수라면 우리는 한자어로 읽어야 합니다. 무슨 말인지 잘 모르겠나요? 특별한 규칙을 외우지 않아도 사실 여러분은 이렇게 숫자를 읽는 방법을 자연스럽게 사용하고 있답니다. 만일 신체검사를 하는 날 같은 반 철수의 키를 재어보니 숫자판에 157이라는 수가 나왔습니다. 여러분은 그 수를 어떻게 철수에게 말해줄까요?

"철수야 네 키는 일백쉰일곱 센티미터야."라고 말할까요? 그렇지 않습니다. 여러분은 특별히 생각하지 않고도 철수에게 "철수야, 네 키는 백오십칠 센티미터야." 라고 말합니다. 이렇게 수가 연속량으로 나타나는 것에는 한자어로 수를 읽고 있습니다.

수학톡하자 2-5

이름이나 번호를 나타내는 수는 어떨까요? 여러분이 학교에 다닐 때 타고 다니는 버스, 혹은 자주 이용하는 버스의 번호를 생각해봅시다. 시내버스 314번을 말할 때 여러분은 이 수를 '삼백열넷 번'이라고 말하지 않고 이렇게 말할 것입니다.

"나는 등 · 하교를 삼백십사 번 버스를 타고 다녀."

그리고 어떤 사람의 이름이 '김삼수'일 경우 '김셋수'라고 읽지 않고, '김이경'이란 이름 역시 '김둘경'이라고 읽지 않습니다.

자연스럽게 사용하고 있는 수들이지만 사실은 이런 규칙들을 가지고 있답니다. 앞으로 수를 읽을 때 왜 이것을 그렇게 읽는지 확실하게 알 수 있겠지요? ★

홍쌤의 수학톡하자 - 수와 연산

홍쌤의 수학톡하자

- 1

우리의 옛 조상들은 시간을 어떻게 나타냈을까?

"효은아, 너 굉장히 피곤해 보이는데 도대체 몇 시에 잔 거야?"

날씨가 좋은 공원에서 약속을 잡은 두 친구 효은이와 승규는 각자 자신이 싸온 도시락을 꺼내며 이야기를 나눕니다.

"많이 피곤해 보이니? 사실 열두시에 잤어."

“뭐? 열두시? 그런데 왜 피곤하니? 별로 늦게 잔 것도 아닌데….”

피곤한 눈을 하며 말하는 효은이를 의아한 눈으로 바라보며 승규가 말했습니다.

“늦게 잔 게 아니라고? 열두시라니까 ?”

“그러니까. 열두시면 늦은 시간도 아닌데 왜 피곤하냐니까?”

“세 시에 일어났는데 당연히 피곤하지!”

“세 시에 일어났다고? 그럼 열다섯 시간이나 잔 거야?”

승규가 눈을 동그랗게 뜨고 믿을 수 없다는 표정을 짓자 효은이가 고개를 저으며 말합니다.

“아니 아니, 우리 뭔가 서로 잘못 얘기하는 것 같다. 네가 말하는 열두시는 자정이고 내가 말하는 열두시는 정오를 말하는 것 같아.”

그제서야 알겠다는 듯한 표정으로 승규가 말했습니다.

“아, 그렇구나. 그러니까 오늘 낮 열두시에 자서 오후 세시에 일어났다는 말이구나.”

“그래, 이 바보야. 처음부터 정오랑 자정이라고 말했으면 됐을 것을….”

우리의 옛 조상들은 시간을 어떻게 나타냈을까?

"그러게나 말이야, 하하하하."

우리가 흔히 말하는 '자정'과 '정오'는 몇 시를 말하는 것일까요?

고전의 책들을 보면 '子(자)시', '丑(축)시'란 말들이 종종 표기 되어 있는데, 이것은 시간을 나타내는 말입니다. '자시'는 23시부터 1시까지를 나타낸 것이며, '축시'는 1시부터 3시까지를 말합니다. 즉, 하루를 12마리 동물인 '자, 축, 인, 묘, 진, 사, 오, 미, 신, 유, 술, 해'로 각각 두 시간 간격으로 나누어 불렀습니다.

자정과 정오는 이러한 시간법에 적용된 것으로 자정은 '자시의 중간', 정오는 '오시의 중간'을 뜻하는 것입니다.

이 밖에 12지는 달(月), 년(年), 나침반 등의 표기에서도 볼 수 있습니다. ★

2-2

산가지로 세는 방법

옛날 우리 조상들은 물건을 셀 때 나무막대를 사용했습니다. 이것을 산가지라고 부르는데, 주로 대나무나 뼈를 이용해 만들었다고 합니다. 길이는 약 14cm 정도이며 그릇에 꽂아서 보관했습니다.

산가지로 수를 셈하는 법은 현재 우리가 사용하고 있는 10진법의 개념과 동일합니다. 9보다 1 더 큰 수는 하나로 묶어 이것을 열(10)이라고 불렀고, 다시 열 개짜리 묶음이 10묶음이 되면 이를 하나로 묶어 백(100)이라고 불렀습니다. 그 다음은 여러분이 생각하는 대로 백이 열 개가 들어있는 한 묶음을 천(1000)이라 하고, 천이 열 개 들어있는 한 묶음을 만(10000)으로 부릅니다. 이처럼 한 숫자가 10묶음이 되어 더 큰 묶음으로 묶일 때마다 새로운 수가 나타나는 것이 바로 10진법의 특징이고, 산가지 셈 역시 이것을 따르는 방법이었습니다.

산가지로 수를 나타내는 방법은 각 자리의 수를 번갈아가며 가로 놓기와 세로 놓기로 구분하여 수를 표기했습니다. 일 · 백 · 만 단위는 세로로 늘어놓고, 십 · 천 · 십만 단위는 가로로 놓아 표시합니다. 특이한 것은 숫자 '5'를 놓는 방법입니다. 5의 수는 세로로 산가지를 놓은 경우 가로로 놓아 수를 표시했습니다. 6 이상의 수를 나타낼 때, 세로 놓기를 하는 자리 수에서는 머리 위에 1개를 수직으로 놓아 표시하며 가로로 놓는 자리 수에서는 세로로 놓습니다. 이렇게 말하니 도무지 어떻게 표시하는지 감이 안 잡히죠? 그림으로 보면 좀 더 쉽게 알 수 있습니다.

1의 자리의 수는 세로로 표기합니다. 따라서 |, ||, |||, |||| 이렇게 세로로 숫자를 하나씩 더해가면서 수를 표기하고 5는 가로로 (—)표시합니다. 6이 넘어가는 수부터는 ┬ 의 모양으로 막대 위쪽에 가로로 숫자를 놓습니다. 7, 8, 9는 가로 막대 아래에 세로 막대의 숫자를 더해가면서 만들면 됩니다.

그렇다면 10의 자리 수를 생각해봅시다. 위에서 말한대로 10의 자리 숫자는 가로로 놓습니다. —, =, ≡ … 이렇게 가로로 막대를 더해가다가 5가 되면 막대를 세로로 놓습니다. 그 다음 6부터는 어떻게 놓을까요? 1의 자리 숫자와는 다르게 이번에는 ┴ 의 모양으로 위쪽으로 세로 막대를 더해가면서 7, 8, 9의 숫자를 만들어 가면 됩니다.

0으로 표시하는 수는 어떻게 놓았을까요? 이런 경우는 자릿수를 비워둔 채로 다음 자리 수에 막대를 놓으면 됩니다. 자릿수가 채워져 있는 123과 같은 수는 | = ||| 으로 막대를 놓아 표시하고, 1203처럼 중간에

산가지로 세는 방법

0이 들어가는 수는 — | | ⬚ | | | 으로 표기 할 수 있습니다.

아라비아 숫자와 로마자로 발전한 서양의 수학과는 조금 다른 모습이지만 10진법을 이용하여 수를 셈한다는 점에서 수학은 전 세계를 통틀어 비슷하게 성장해 갔습니다. 이처럼 우리가 아직 알지 못했던 많은 수학 이야기들이 아직도 무궁무진하게 많답니다. ★

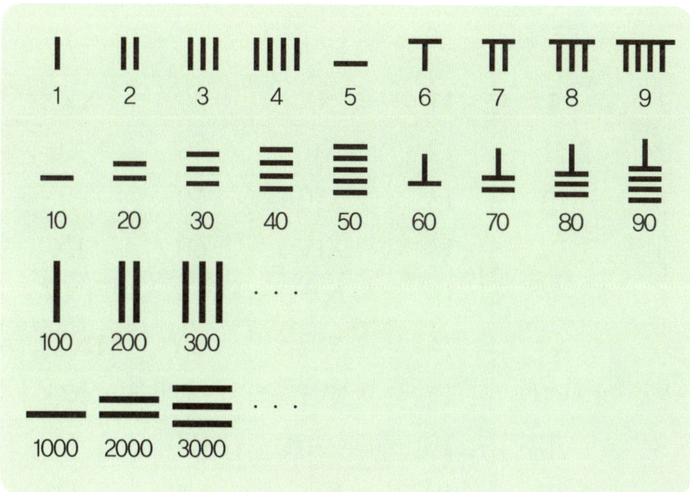

✌ - 3

5진법과 10진법의 로마 숫자

우리가 시계에서 자주 볼 수 있는 로마 숫자는 5진법과 10진법을 함께 사용하는 표기법입니다. 총 7개의 로마자로 표기되는 이 숫자는 기원전 500년 경에 발달하여 원시 그리스 알파벳으로부터 부분적으로 영향을 받았고, 대개 왼쪽에서 오른쪽으로 읽혀집니다.

1	I	11	XI	30	XXX
2	II	12	XII	40	XL
3	III	13	XIII	50	L
4	IV	14	XIV	60	LX
5	V	15	XV	70	LXX
6	VI	16	XVI	80	LXXX
7	VII	17	XVII	90	XC
8	VIII	18	XVIII	100	C
9	IX	19	XIX	500	D
10	X	20	XX	1000	M

5진법과 10진법의 로마 숫자

로마 숫자에서 1은 I, 10은 X, 100은 C, 1000은 M으로 나타내며, 5는 V, 50은 L, 500은 D로 나타냅니다. 앞의 표에서 살펴보면 I가 5개 모이면 한 단위가 되어 V로 나타내지만, V가 2개인 10은 VV가 아니라 새로운 단위가 모아졌다는 뜻으로 X와 같이 또 다른 수 기호를 썼습니다. 이처럼 5진법과 10진법이 혼합된 로마 숫자는 덧셈의 원리로 쓰여졌는데, 각각의 수 기호들을 필요한 개수만큼 반복해서 늘어놓는 방법입니다. 그래서 3일 경우는 1인 I를 3개 늘어놓아서 III으로, 20일 경우는 10인 X를 2개 붙여서 XX로 표기했습니다.

이러한 로마 숫자 표기법에도 법칙은 있습니다. 먼저, 30을 XXX, 200을 CC로 나타내는 것처럼 I, X, C, M은

3개까지 중복해서 사용할 수 있습니다. 4개 이상의 기호가 붙을 때는 V, L, D의 앞과 뒤에 다른 기호를 붙입니다. 이때 왼쪽에 붙이는 수는 '뺌'을 의미하고 오른쪽에 붙이는 수는 '더함'의 의미를 갖습니다. 왼쪽에는 하나의 숫자만 올 수 있고, 오른쪽에는 세 개까지 숫자가 올 수 있습니다. 예를 들어 18이라는 숫자를 로마자로 표기해봅시다. 10을 나타내는 숫자인 X의 오른쪽에 숫자 5를 뜻하는 V를 붙이고 나머지 3을 나타내는 III 숫자를 붙여 10 + 5 + 3 = 18의 개념으로 수를 나타냅니다. 그래서 숫자 18은 XVIII로 표기하는 것이지요.

이번에는 오른쪽과 왼쪽을 함께 붙이는 경우를 생각해볼까요? 19를 예로 들면 먼저 10을 나타내는 X를 쓰고, 10에서 1을 빼는 것을 의미하는 숫자 9인 IX를 붙여 XIX로 나타냅니다.

큰 수를 나타내는 것도 이런 식으로 나타내면 간단합니다.

2007은 1000 + 1000 + 5 + 2의 개념으로 MMVII로 나타낼 수 있습니다.

이제 시계에 있는 숫자들이 헷갈리는 일은 없겠죠? ★

- 4

12진법 이야기

우리는 열 개의 손가락을 가지고 있기 때문에 주로 셈을 할 때 십진법을 사용합니다. 여러분이 수학 문제를 풀면서 사용하는 숫자들은 모두 십진법에 따른 숫자 표기 방법이라고 볼 수 있지요. 그러나 지금으로부터 400년 전, 유럽 대부분의 나라에서는 현재 우리들이 사용하고 있는 10진법이 아닌 12진법을 사용했습니다. 그 당시까지만 해도 자연수와 자연수 사이의 수를 나타내는 '소수'의 개념이 없었고, 때문에 '분수'의 개념을 이용하여 작은 수를 나타냈습니다. 따라서 이 분수를 이용하여 자연수 사이의 수를 나타내려면 2와 5로밖에 나누어지지 않는 10진법의 숫자보다 2, 3, 4, 6으로 나누어지는 12진법의 수들을 자연스럽게 사용하게 된 것입니다.

그 당시에 쓰여진 『걸리버의 여행』이라는 동화에서도 12진법이 사용되고 있음을 찾을 수 있습니다. 걸리버가 소인국에 도착했을 때, 소인국에 살고 있는 릴리파트인들의 키가 걸리버의 $\frac{1}{12}$밖에 안 된다고 쓰여 있습니다. 따라서 걸리버의 키가 180cm이었다면 소인국의 릴리파트인들의 평균 키는 걸리버 키의 $\frac{1}{12}$인 15cm 정도였을 것입니다. 릴리파트인들의 키는 우리들의 손바닥만한 크기였음을 짐작해볼 수 있나요? 때문에 릴리파트인들은 걸리버의 옷을 만들어 주기 위해서 자신들의 옷을 만들 때 사용된 옷감 12의 12배인 144배만큼 큰 옷감을 준비했다고 합니다.

현대의 우리들은 10진법에 따르는 숫자들을 많이 접

하고 있지만, 12진법으로 표기되는 수들도 접하고 있습니다. 바로 시간의 길이를 나타낼 때입니다. 시계와 달력을 떠올려 봅시다. 시계의 경우 12시를 시작으로 시간이 흘러가다가 다시 12라는 숫자로 시계바늘이 도착하면 한 바퀴를 모두 돌아온 것이 됩니다. 달력에서 역시 12월이 되면 그 다음달은 다시 새로운 해로 바뀝니다. 12진법을 사용하고 있는 가장 대표적인 예라고 볼 수 있는 이 두 부분에서 각각 시간을 나눠봄을 통해 왜 시간의 길이를 나타낼 때는 10진법보다는 12진법을 사용하는지 그 이유를 짐작할 수 있습니다.

만일 시계가 십진법을 적용하여 시계 바늘이 숫자 10에서 시작하여 다시 10까지 오는 것을 한 바퀴라고 가정해 봅시다. 여러분은 이 열 시간을 시간 단위로 균일하게 나눠야 합니다. 그렇다면 방법은 두 시간씩 다섯 부분으로, 그리고 다섯 시간씩 이등분을 할 수 있습니다. 10의 약수가 1, 2, 5, 10이라는 것을 떠올리면 금방 생각해낼 수 있지요. 이것을 다르게 생각해보면 10이라는 숫자는 나눌 수 있는 범위가 한정되어 있다는 것을 뜻하기도 합니다. 그러나 지금의 우리가 사용하고 있는

수학톡하자 3-4

시계나 달력처럼 시간의 개념에 12진법을 이용했을 때, 시간이 10진법을 사용한 것보다는 좀 더 세분화가 되는 것을 알 수 있습니다. 12의 약수가 1, 2, 3, 4, 6, 12 모두 6개나 되기 때문이지요. 그렇기 때문에 여러분이 2달, 3달, 4달, 6달 단위로 1년 계획을 수월하게 짤 수 있게 된 것입니다. 음악의 박자 역시 마찬가지로 12진법으로 사용되고 있습니다. 한 마디의 길이 역시 시간으로 분류되기 때문이어서 그런 것일까요? 이 외에도 연필 한 다스(12자루), 12간지, 그리고 영국의 단위 계산인 12라인 = 1인치 , 12인치 = 1풋 , 12온스 = 1파운드 등에서 역시 12진법의 흔적을 찾아볼 수 있답니다. ★

2-5

2진법

2진법은 17세기 독일의 철학자이며 수학자인 라이프니츠가 발견했습니다. 재미있는 것은 라이프니츠가 0과 1로 수를 표현하는 2진법을 발견하면서, 신(神)은 『1』, 무(無)는 『0』으로 나타낼 수 있다고 생각했습니다. 그래서 신은 아무것도 없는 무에서 모든 것을 창조했다고 생각했습니다.

컴퓨터가 수를 읽고 계산하는 방법은 우리가 사용하

는 10진법이 아닙니다. 우리들 나름대로 사용하는 말과 숫자가 있듯이 컴퓨터에도 나름대로의 언어가 있는 것입니다. 그 언어가 바로 2진법인데, 쉽게 말하면 '예', '아니요' 이렇게 두 가지 언어만 사용하고 있는 것입니다. 컴퓨터의 계산 장치는 수많은 전기회로로 이루어져 있고, 바로 그 전기회로들을 통해 셈을 합니다.

만약 전기회로를 통해 무엇인가를 표현하고자 한다면 가장 적당한 방법은 전기회로를 연결하거나 연결하지 않는 것, 이 두 가지뿐입니다. 예를 들어 전기회로로 이루어진 전등은 스위치를 올렸을 때에는 불이 들어오고, 내렸을 때에는 불이 꺼지는 방식으로 불이 켜지면 '1', 불이 꺼지면 '0'으로 나타내는 것입니다. 이와 같이 '0'과 '1', 이 두 가지로 수를 표현하는 방법이 2진법입니다. 이는 사람들이 생활하면서 빠르고 편리하게 계산할 수 있는 기계를 만들기 위해 새롭게 고안해낸 것입니다.

컴퓨터와 같은 전기제품들의 전원 표시를 눈여겨 살펴보세요. 비슷하게 생긴 상형문자들이 보이나요? 이 도형 역시 숫자 0과 1의 조합으로 만들어진 표시랍니다.

컴퓨터도 할 수 있는 2진법 계산이니 여러분도 한번 배워볼까요? 10진법의 수 29를 2진법으로 바꿔봅시다. 방법은 나눗셈을 하는 것과 비슷하지만 옆에 나머지를 써주어야 한다는 것이 다릅니다.

2) 29 ······ 1
2) 14 ······ 0
2) 7 ······ 1
2) 3 ······ 1
1

$11101_{(2)}$

더 이상 나누어지는 수가 없으면 계산을 마치고, $11101_{(2)}$처럼 화살표 방향대로 숫자를 나열한 뒤 2진법이라는 것을 표시해줍니다. 이것을 다시 10진법으로 바꾸는 방법은 나눗셈의 검산과 비슷합니다. 자릿수에 따라 곱하는 2의 숫자만 달라지게 됩니다. 위와 같은 경

수학톡하자 3-5

우는 다섯 자리의 이진법 수이므로 자릿수–1만큼 처음에 2가 곱해져서 총 4번의 2를 먼저 곱해주게 됩니다. 그 뒤부터는 2의 숫자를 하나씩 줄여 곱해주다가 마지막 자리의 숫자에 1을 곱한 수를 모두 더해줍니다. 따라서 $11101_{(2)}$는 $2 \times 2 \times 2 \times 2 \times 1$(첫 번째 숫자) + $2 \times 2 \times 2 \times 1$(두 번째 숫자) + $2 \times 2 \times 1$ (세 번째 숫자) + 2×0(네 번째 숫자) + 1×1 계산해 주면 됩니다. 어려워 보이지만 여러 번 연습하다 보면 훨씬 쉬워진답니다. ★

2-6

8진법과 16진법 이야기

앞에서 우리는 자주 볼 수는 없지만 수학을 공부하다 보면 가끔 볼 수 있는 여러 진법들을 배워보았습니다. 이번에는 8진법과 16진법에 대해서 알아볼까요?

8진법과 16진법으로 나타낸 수는 2진법으로 나타낸 수를 간단하게 표현하기 위해서 사용합니다. 8진법은 0, 1, 2, 3, …, 7 이라는 8개의 숫자로 나타내고 각 자리가 8배가 될 때마다 자릿수를 하나씩 올려서 수를 나타내는 방법입니다.

16진법은 0, 1, 2, 3, …, 9, A, B, C, D, E, F 라는 10개의 숫자와 6개의 문자로 나타내고 각 자리가 16배 될 때마다 자릿수를 하나씩 올려서 수를 나타내는 방법입니다. 여기에서 16진법의 A, B, C, D, E, F는 각각 16진법의 10, 11, 12, 13, 14, 15를 의미합니다. 그런데 왜 이렇게 문자를 사용할까요? 예를 들어, $10_{(16)}$이라는 수를 썼을 때, 이 수가 1의 자릿수 10을 나타내는지 아니

수학톡하자 3-6

면 1의 자릿수가 0이고 16의 자릿수가 1이라는 의미인지 구별하기 어렵기 때문입니다. 따라서 자릿수를 구별하기 편하고 0부터 9까지의 숫자처럼 한 자리로 표현할 수 있도록 10부터 15까지의 수를 A부터 F까지의 문자를 사용한답니다. 이러한 방법은 로마자의 표기 방법과 어딘가 조금 닮아있지요?

아래의 표를 보면서 생각하면 더 쉽게 이해할 수 있습니다.

10진법	2진법	8진법	16진법
7	111(2)	7(8)	7(16)
8	1000(2)	10(8)	8(16)
9	1001(2)	11(8)	9(16)
10	1010(2)	12(8)	A(16)
11	1011(2)	13(8)	B(16)
12	1100(2)	14(8)	C(16)
13	1101(2)	15(8)	D(16)
14	1110(2)	16(8)	E(16)
15	1111(2)	17(8)	F(16)
16	10000(2)	20(8)	10(16)
17	10001(2)	21(8)	11(16)

8진법과 16진법 이야기

우리가 쓰는 10진법을 놓고 비교해본다면 2진법과 8진법, 그리고 16진법들은 각각 같은 수이지만 표기하는 방법이 다릅니다. 진법 자체가 다르니까 당연한 이야기겠지요. 얼핏 보면 앞의 숫자가 같아서 다른 진법의 숫자로 혼동될 수도 있지만 옆의 괄호에 적힌 진법을 잘 본다면 금방 구분할 수 있겠죠. 0과 1로만 표시할 수 있는 2진법의 숫자들을 조금 더 간결하게 표현 할 수 있는 이 두 진법들은 실제 생활에서는 잘 사용하지 않지만 알아두면 매우 유용하답니다. 각각의 진법들을 비교할 수 있는 눈을 가지고 있다면 더욱 좋겠죠? ★

3-7

분수에서 나타나는 진법

우리가 배우는 분수에서도 진법의 원리가 나타난다는 사실을 여러분은 알고 있나요?

예를 들어 분모가 3인 분수는 $\frac{1}{3}$, $\frac{2}{3}$, $\frac{3}{3}$, $\frac{4}{3}$ ……의 순으로 점점 커져 갑니다. 여기서 $\frac{1}{3}$과 $\frac{2}{3}$는 진분수로 그대로 사용하지만 $\frac{3}{3}$은 분자가 분모와 같아지므로 대부분 이렇게 표기하지 않습니다. 그렇다면 어떤 방법으로 표시할까요? 여러분도 답을 알고 있습니다. 1로 표시하지요. 그러나 이 계산의 원리에 진법이 숨어있다는 것은 쉽게 눈치채지 못했을 겁니다. 앞에서 배운 진법의 원리를 이용하여 보았을 때 이 계산에서 $\frac{3}{3}$은 3진법의 원리를 적용하여 1이라는 자연수로 받아올림을 해주게 됩니다. 자연수가 된 1은 분수의 앞에 와서 대분수로서 자연수의 자릿값을 갖게 되지요. 그렇다면 $\frac{4}{3}$는 어떨까요? 역시 3진법의 원리로 $\frac{3}{3}$의 값인 1을 앞에 빼주고 남은 수를 뒤에 그대로 분수로 남겨두어 $1\frac{1}{3}$이라는 대분수로 바꿔 줄 수 있습니다.

이번에는 분모가 5인 분수를 생각해봅시다. 여기에서도 $\frac{6}{5}$은 $\frac{5}{5}+\frac{1}{5}$이므로 $\frac{5}{5}$를 자연수 1로 고쳐서 $1\frac{1}{5}$이라는 대분수로 고쳐주는데, 이 경우에는 5진법의 원리가 적용되는 것입니다. $\frac{13}{5}$같은 가분수의 경우에는 $\frac{10}{5}+\frac{3}{5}=2+\frac{3}{5}$이므로 $2\frac{3}{5}$과 같은 대분수로 바꾸어 주는 것입니다.

그러나 혼동하지 말아야 할 부분이 있습니다. 여러분이 진법에 대해서 모두 완벽하게 이해했다고 하더라도 분수의 계산에서 이 부분은 절대 진법처럼 넘어가면 안 됩니다. 예를 들어 $\frac{26}{5}$을 대분수로 만들어봅시다. 앞의 진법원리의 계산에 따르면 $\frac{25}{5}+\frac{1}{5}=5+\frac{1}{5}$이어서 $5\frac{1}{5}$로 나타내는데 여기서 앞으로 빼낸 자연수 부분이 5가 되었다고 해서 '음, 5진법에 따라서 5는 다른 숫자로 나타내야겠군.' 하고 다른 자리 수로 나타내서는 안 됩니다.

진법의 원리를 사용하고 있다고 하더라도 분명 위와 같은 분수의 계산에서 사용하는 자연수들은 10진법을 따르고 있는 것이니까요. ★

홍쌤의 수학톡하자 - 연산

홍쌤의 수학톡하자

- 1

수를 표현하는 말

우리가 셈하고 있는 수들은 언제부터 생겨났을까요? 그 수들이 생겨나기 전에 사람들은 어떻게 수를 셀 수 있었을까요? 다음 이야기를 읽고 우리가 지금의 체계를 가지고 수를 셈하기 전에는 어떻게 그것들을 표현했는지 생각해봅시다.

아프리카의 밀림에서 공동체 생활을 이루며 살아가는 한 부족이 있었습니다. 이 부족의 사람들은 각자 자신이 맡은 사냥, 채집, 가사일 등을 분담하여 마치 거대한 한 가족처럼 지냈습니다.

하루 일과를 마치는 때에는 모든 사람들이 모닥불 앞에 앉아 자신이 거두어들인 수확물들의 개수를 돌을 놓아 표시했는데, 이것을 보고 추장이 부족 사람들에게 나눠줄 음식의 양을 결정했습니다. 이때 가장 큰 수확을 얻은 사람에게는 부족의 한 가운데 서 있는 커다란 나무의 나뭇잎을 따 그의 목걸이에 걸어 주었습니다. 부족의 뿌리와도 같은 거대한 나무는 '용기'를 나타내는 그들만의 상징이었기 때문이죠.

동물 사냥을 해오기로 한 청년의 앞에 돌 두 개가 놓여 있습니다. 강에서 물고기를 잡아오기로 한 자매의 앞 역시 돌 두 개가 놓여 있습니다. 그리고 과일과 먹을 수 있는 식물들을 채집해 오기로 한 여인의 앞에 세 개의 돌이 놓여있었습니다. 부족의 수가 20명 가까이 되는 이 사람들은 그들이 가져온 식량으로 충분히 배를 채웠을까요? 물론 그랬답니다.

수를 표현하는 말

가축이 한 마리씩 우리에서 나갈 때마다 돌멩이를 하나씩 대응시켜 옮기거나 수를 셀 때 돌멩이를 놓아 가늠하는 방식을 수학적으로는 '일대일 대응'이라고 하는데, 이 말은 수학의 중요한 단원인 '함수'라는 곳에서 많이 사용되는 용어입니다.

수학적인 토대가 만들어지기 전에 돌멩이는 셈을 하는데 있어 좋은 재료였던 것은 분명한 것 같습니다. 이것은 계산이라는 의미로 많이 쓰이는 영어 단어 calculus의 어원이 돌멩이라는 뜻을 지닌 것을 보더라도 알 수 있습니다.

요즘 아이들은 초등학교에 입학하기 전에 이미 1부터 10까지는 모두 쓰고 읽을 수 있지만 옛날 원시인들은 위의 이야기에서처럼 '한 개, 두 개, 그리고 많다'는 것 밖에는 몰랐다고 합니다. 예를 들어 사과가 한 개 있다면 원시인들은 '사과가 하나 있군.'이라고 생각했고, 사과가 두 개 있다면 '사과가 두 개 있군.'이라고 생각했습니다.

그러나 사과가 3개, 4개 또는 그 이상이 있으면 이것은 모두 '사과가 많이 있군.'이라고 생각했다고 합니다.

수학톡하자 4-1

오늘날에도 아프리카의 피그미족이나 줄루족, 오스트레일리아의 아란다족과 브라질의 보토쿠도족 등은 수를 표현하는 말이 '하나, 둘, 많다' 뿐이라고 합니다. 자, 그렇다면 이제 왜 앞의 이야기에서 7개의 돌멩이로 대체되었던 식량으로 많은 사람들이 배부르게 먹을 수 있었는지 짐작이 가나요? 맞습니다. 과일과 식물을 채집해온 여인은 실제로 과일 3개만을 가져온 것이 아니라 밀림 속에서 많은 양의 과일과 식물들을 가져온 것이었습니다. 이것을 수대로 표현하는 체계가 없었기 때문에 '많다'를 의미하는 돌멩이 3개로 그것들을 나타냈던 것이지요. ★

- 2

더하기

옛날 서울이 '한성'이라고 불리던 시절, 일년에 몇 번 안 되는 큰 규모의 장이 열리는 날이었습니다. 이 날은 전국 각지에서 올라온 신기한 농산물들과 과일, 채소들뿐만 아니라 저 멀리 국경을 넘어 온 비단, 장신구 등의 온갖 물품들을 사고팔려는 사람들로 항상 북적였습니다.

한성의 둘째가라면 서러운 장사꾼의 아들인 팔봉이가 거드름을 피우며 장터를 가로질러 갑니다. 사고 싶은 물건이 있는지 주위를 기웃거리며 신기한 물품들을 구경하는 팔봉이 옆으로 두 청년이 서서 같은 물건을 바라보고 있었습니다. 예쁜 문양이 들어가 있는 젓가락에 시선을 둔 청년이 장사꾼에게 물었습니다.

"이 젓가락 얼마나 합니까?"

"원래 열 냥짜리인데 여덟 냥에 드릴테니 가져가시오."

"세 개가 필요한데 그렇게도 파십니까?"

"당연한 소리를 하고 그러십니까?"

물건을 팔 생각에 흐뭇한 표정을 짓는 장사꾼을 보던 청년 중 한 명이 고개를 저으며 말했습니다.

"뭔가 잘못 생각하신 것 같습니다. 저희는 젓가락 세 짝을 사려는 것이 아니라 세 개를 사려고 하는 것입니다."

옆에 있는 청년이 말을 덧붙였습니다.

"지난해 장에서 이 젓가락을 샀었는데 한 개를 잃어버려서 그럽니다. 열두 냥 드릴테니 세 개만 파십시오."

청년과 장사꾼의 말을 듣고 있던 팔봉이가 나섰습니다.

"이보시오, 젓가락을 한 쌍도 아니고 하나만 가져가면 나머지 하나는 팔수도 없을 텐데 어찌하여 세 개만 가져가려고 하시오? 그냥 두 쌍을 사가서 하나를 또 잃어버릴 수도 있을 테니 여분으로 두는 건 어떻습니까?"

그러나 청년들은 두 쌍까지는 필요가 없다며 극구 젓가락 세 개만 구입하기를 원했습니다. 잠시 생각을 하던 팔봉이는 손바닥을 치며 청년들에게 말했습니다.

"그럼, 이런 방법은 어떻습니까? 아무도 손해를 보지 않는 방법이 생각났습니다."

궁금한 눈빛으로 자신을 처다보는 두 청년들에게 그가 말했습니다.

"자, 들어보세요. 일단 젓가락의 원래 가격은 한 쌍에 열 냥 이었습니다. 그렇지요?"

"네 그렇습니다. 원래는 그랬지요."

장사꾼이 팔봉이의 눈빛에 얼른 대답을 했습니다.

"하지만 이 집 주인이 여덟 냥에 주기로 하지 않았습니까?"

팔봉이의 말에 반박을 하며 청년들이 말하자 그는 고개를 저었습니다.

"아니, 그것은 당신들이 한 쌍씩을 기준으로 사갔을 때 붙여지는 가격일 것이니 그것에 너무 신경쓰지 않는 것이 좋겠습니다."

"계속 해보시오."

"그렇다면 젓가락 한 쌍에 열 냥이라면 한 개에는 다섯 냥 일거란 말입니다. 다섯 냥씩 세 개를 사면 얼마입니까?"

청년이 얼른 대답했습니다.

"열 다섯 냥이지요."

"그렇습니다. 열다섯 냥. 거기다가 이 집 주인과 당신들이 하나씩을 더 보태는 겁니다."

"보태다니 뭘 보탠단 말입니까?"

이제는 그가 무슨 말을 하는지 더 궁금해 하는 장사꾼이 물어보았습니다. 팔봉이는 웃으며 젓가락을 가리켰습니다.

"이 노점의 주인은 젓가락을 하나 더해서 당신에게 주고, 당신들은 원래 줘야하는 가격에 딱 한 냥만을 더해서 주인에게 주시오. 그러면 공평하지 않겠습니까?"

이야기를 들은 청년과 주인은 도대체 무슨 말인지 모

르겠다는 표정을 지어보였습니다.

“자, 잘 생각해보세요. 주인장은 원래 젓가락 세 개의 값을 받고 팔아야 하지만 인심 써서 그냥 한 개를 더 얹어 주시는 겁니다. 그리고 이 젓가락을 사는 청년들도 어차피 세 개만 살 때 드는 돈에서 딱 엽전 한 냥만 더 얹어 주는 거지요.”

그리고 팔봉이는 청년들의 귀에 대고 나지막이 속삭였습니다.

‘원래 젓가락 하나 값은 다섯 냥인데 나머지 하나를 한 냥에 살 수 있으니 그쪽이 훨씬 이득이 아닙니까?’

그의 말을 들은 청년은 그제서야 깨달았다는 듯이 그렇게 하자며 열여섯 냥을 주고 젓가락 두 쌍을 사갔습니다.

여러분의 생각은 어떤가요? 이 이야기에서 누가 손해를 본 것 같나요?

우리는 가끔 유치원에 다니는 어린이들이나 초등학교 저학년 학생들에게 ‘1+1은 얼마인가?’라는 질문을 던지곤 합니다. 그리고 1+1의 합이 당연히 ‘2’일 것이라고 생각합니다. 그러나 '더하기'의 개념은 그렇게 쉽고 간단한 것이 아닙니다. 자, 이제 다음과 같은 질문에 대답해 보세요.

사슴 한 마리 + 연필 한 자루

여러분은 답을 무엇이라고 하겠습니까? 과연 위의 문제는 덧셈이 가능할까요? 그리고 답을 2라고 했다면 단위를 마리로 붙여야 할까요? 아니면 자루로 붙여야 할까요? 결론을 말하자면 사슴 한 마리나 연필 한 자루처럼 서로 단위가 다른 것들의 덧셈은 불가능합니다. 거꾸로 말하자면, 서로 단위가 같은 것들끼리만 덧셈이 가능하다는 것입니다.

만일 여러분이 위의 장사꾼과 청년 이야기를 듣고 덧셈을 하는데 머리가 어지러웠다면, 그것은 돈과 젓가락이라는 단위가 같지 않은 두 사물을 함께 놓고 셈을 하는 데서 이루어지는 복잡함 때문이었을 것입니다. 하지만 분명히 기억해두어야 할 것은 덧셈은 결국 같은 단위끼리만 이루어졌다는 사실입니다. 복잡하게 계산된 것 같지만 사실 장사꾼과 청년들은 모두 제 값을 주고 젓가락을 팔고, 샀답니다. 그러니까 아무도 손해를 보지 않았다는 것이 맞는 말이지요. ★

- 3

각각 다른 세 수의 계산

우리는 종종 한 번에 두 수를 계산하는 일 외에도 더 많은 수들을 계산하게 되는 일이 생깁니다. 여기서는 각각 다른 자릿수의 세 수들을 계산하는 방법을 알아보도록 합시다.

먼저 덧셈끼리의 계산일 경우입니다. 덧셈은 순서가 아무리 바뀌어도 결과에는 다음의 식처럼 변함이 없습니다.

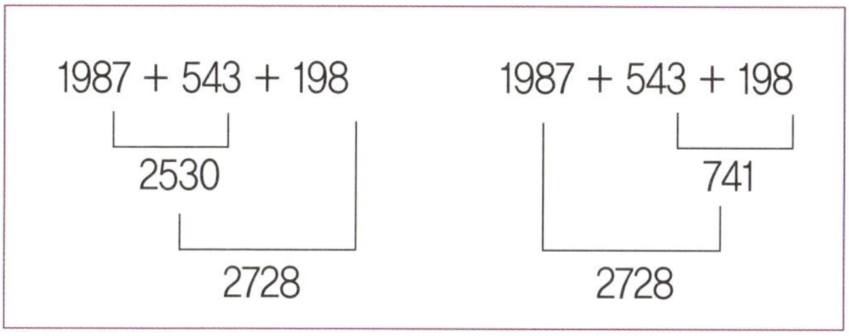

두 식 모두 2728로 같은 결과가 나오지요?

그러나 뺄셈의 경우에는 순서가 바뀌면 다음의 식처럼 결과가 달라집니다. 덧셈과는 다르게 세 수의 뺄셈을 할 경우에는 앞에서부터 차근차근 빼나가야 합니다. 그래야 수의 혼동이 오지 않고 원래 생각했던 대로 계산이 이루어지게 됩니다.

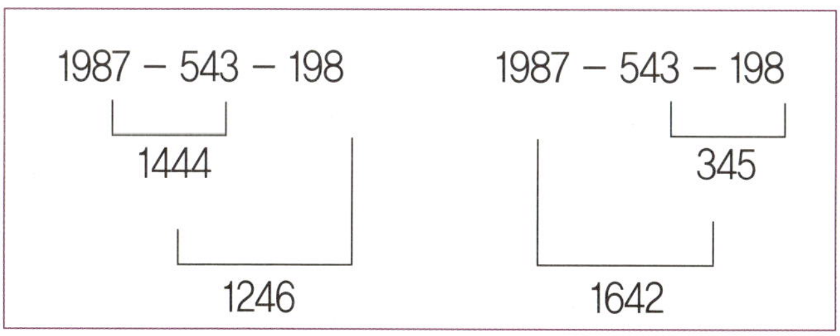

위의 경우처럼 앞뒤 순서를 바꾼 것만으로도 결과값이 1246과 1642로 아예 다르게 나온다는 것을 알 수 있

습니다. 다른 경우 역시 마찬가지입니다. 그러니 덧셈을 제외하고 다른 연산식에서는 반드시 순서가 중요하게 작용된다는 것을 알아야겠지요? ★

다음 문제를 풀어봅시다.

1. 똘이는 용돈을 2만원 받았습니다. 그중에서 5000원짜리 문제집 두 권을 구입하고 1000원짜리 연습장 두 권을 구입했을 때 남은 돈은 얼마일까요?

2. 똘이는 용돈을 2만원 받았습니다. 그중에서 5000원짜리 문제집 두 권을 구입했는데 한 권당 1000원씩 할인 받았다면 얼마가 남았을까요?

-4

곱셈 구구

여러분은 초등학교 2학년 때 '구구단'이라고 부르는 곱셈구구를 힘들게 외웠을 것입니다. 그러나 곱셈구구를 잘 기억하고 있기 때문에 복잡한 계산 문제도 간단히 해결할 수 있고, 일상생활에서도 편리한 일이 많을 것입니다. 우리나라 사람들이 수학 문제를 빠르게 해결할 수 있는 것은 바로 이 구구단을 모두 외웠기 때문이라는 이야기가 있습니다. 유럽 역시도 이러한 곱셈을 어렸을 때부터 배우지만, 우리와는 조금 다른 방식인 구구단과 비슷한 표를 가지고 공부합니다. 그러나 이것들은 외워도 우리가 하는 것처럼 입으로 표현을 하기가 매우 어렵습니다. 예를 들면 '이삼은 육'을 영어로 표현하면 two times three are six 또는 two three are six 라고 말하기 때문이지요. 이때문에 유럽 사람들은 계산하기 쉽게 표를 만들었습니다. 그리고 구구단을 전부 외우지 않고 5단까지만 외웁니다. 이에 비하여 우리는 노래를 부르듯이 억양을 넣어가면서 쉽게 구구단을 외우고 있는 것이지요.

그렇다면 아주 오래 전 옛날 사람들도 우리가 이렇게 열심히 외우고 있는 곱셈구구를 알고 있었을까요? 만일 그렇지 않았다면 구구단은 어디서 어떻게 생겨났으며 우리에게 어떻게 전파되어 왔을까요? 그리고 왜 구구단이라고 불릴까요?

우리는 '수'라는 개념을 이야기할 때 인도와 아라비아의 이야기를 빼놓을 수 없습니다. 이 두 곳에 기원을 둔

수학적 개념들이 많기 때문입니다. 이 곱셈구구 역시 인도에서 만들어져 아라비아를 거쳐 13세기경에 유럽에 전파되었습니다. 그리고 유럽에서도 몇 백 년이 지난 후에야 사용되기 시작했다고 합니다. 이 신기하고 편리한 계산법은 처음에는 귀족사회에서만 통용되었다고 합니다. 왜냐하면 그 당시의 사회는 왕과 귀족들이 나라를 통치하는 시대였기 때문에 일반 서민들보다는 그들이 똑똑해야 했기 때문이지요. 그래서 귀족들은 계산을 하고 셈을 하는데 너무도 편리한 이 곱셈구구를 자신들의 자녀들에게만 가르치게 되었고, 그들이 통치를 하는 일반 서민들에게는 그들이 똑똑해질 수 있는 기회를 제공할지도 모르는 곱셈구구를 절대로 알려서는 안 된다고 생각했던 것입니다.

그러나 세월이 흐르면서 일반 서민사회에서도 계산을 쉽게 할 수 있는 곱셈구구의 존재가 알려지기 시작했습니다. 아무리 숨기려고 해도 감춰지지 않는 것이 있기 마련이지요. 이에 불안을 느낀 귀족들은 2단부터 시작하면 쉽게 외울 수 있는 곱셈구구를 일부러 어렵게 '9×9=81'부터 시작하는 것으로 구구단을 바꾸어 서민사회에 전파하였습니다. 곱셈구구의 제일 마지막인 '9×9=81'부터 외우게 되면 쉽게 곱셈구구를 외울 수 없을 것이라고 생각하여 일반 서민들에게는 일부러 그렇게 알려준 것이었습니다. 그래서 처음 9단부터 시작된 이 계산법을 곱셈구구(구구단)라고 이름 붙인 것입니다.

여러분에게 가장 외우기 힘들었던 구구단은 어떤 것이었나요? 대부분의 친구들이 9단이라고 말할지도 모르겠습니다. 가장 큰 숫자들이 많이 나오니까요. 그러나 여러분은 좋은 시대에 태어나 이해하기 쉽게 2단부터 구구단을 외울 수 있었습니다. 만일 구구단이 전파될 때에 여러분이 태어났다면, 귀족이 아닌 이상 9단부터 외워야 했을 것입니다. 자, 어때요? 이렇게 생각하고 나니 여러분이 외운 구구단이 굉장히 쉬운 방법으로 배워진 것 같아 기분이 좋지 않나요? ★

- 5

기호 ÷

기호 ÷는 1659년에 스위스 수학자 라안의 책에서 처음으로 사용되었다고 합니다. 앞의 이야기들을 기억하는 친구들은 알고 있겠지만, 나라마다 각각 사용하는 수학의 식이나 기호가 달랐다는 것을 기억하고 있나요? 이 나누기 기호도 우리가 지금처럼 알고 있는 의미로 처음부터 사용되었던 것은 아니랍니다.

이 기호 ÷가 나누기로 사용되기 훨씬 전부터 유럽에서는 빼기를 나타내는 기호로 오랫동안 사용되어 왔습니다. 그러나 몇몇의 영국 수학자들이 나누기 기호로 ÷를 채택한 이후, 이 기호는 유럽 전체와 미국에서 정식으로 채택되었습니다.

기호 ÷가 왜 나누기를 나타내는 데 사용되었을까요?

여러분은 7÷8을 분수로 어떻게 나타내나요? 8÷8처럼 나누어서 1이라는 자연수로 떨어지지 않는 나눗셈은 분수로 나타낼 수 있다는 것을 배웠을 겁니다. 여기서 나눗셈의 분수 계산법을 배운 친구들이라면 간단하게 위의 문제를 해결할 수 있겠지요. 뒤에 있는 숫자 8을 분모로 보내고 앞의 숫자 7을 분자로 보내 $\frac{7}{8}$이라는 분수로 만들면 됩니다.

어떤 주장에 따르면, 이 기호에서 가로 막대 '—'는 분수에서 분모와 분자를 구분하는 가로줄을 의미한다는 것입니다. 그리고 위와 아래에 있는 두 점(:)은 분모와 분자의 수를 나타낸다는 것입니다.

그림으로 나타내서 알아볼까요?

기호 ÷

$$7 \div 8 = \frac{7}{8} = \frac{7}{8} = \frac{\circ}{\circ} = \div$$

이와 같이 나눗셈은 모든 분수의 형태로 나타낼 수 있는데, 기호 ÷는 바로 이 분수의 모양을 추상화한 것으로 볼 수 있습니다. 어때요, 여러분도 나누기의 모양이 분수처럼 보인다고 생각하나요? 혹시 숫자의 나눗셈은 분수로도 나타낼 수 있다는 것을 깜빡한 친구들은 곰곰이 나누기의 모양을 쳐다보세요. 그럼 바로 아! 하고 분수를 떠올릴 수 있을 거예요.

아무리 어려운 문제라도 뚫어져라 보다보면 반드시 어딘가에는 힌트가 있기 마련이랍니다. 포기하지 말고 끝까지 도전하는 친구들이 되세요! ★

- 6

계산에도 순서가

앞의 주제에서 우리는 덧셈과 뺄셈을 계산하는 데에 있어서 순서대로 계산하는 것이 중요하다는 것을 배웠습니다. 몇 가지의 예를 통해서 덧셈은 순서가 뒤바뀌어도 결과가 똑같이 나오지만 뺄셈은 순서가 뒤바뀌면 아예 다른 값이 나온다는 사실을 알게 되었지요. 이번에 배울 연산은 곱셈입니다.

계산에도 순서가

곱셈 역시 곱셈을 해야 하는 수들이 있을 경우에는 순서대로 계산해야 하는 것이 맞습니다. 덧셈을 제외한 모든 연산들은 반드시 순서대로 계산해야 한다고 기억해 두는 것이 좋겠지요? 그런데 이처럼 같은 연산이 연속으로 늘어서 있는 것이 아니라 혼합되어 계산해야 할 경우는 어떤 순서로 계산해야 할까요? 곱셈과 덧셈이 함께 있을 때는 어떨까요, 앞에서부터 차례차례 계산해야 할까요? 아닙니다. 곱셈이 아무리 뒤에 가 있어도 계산은 가장 먼저 해주어야 합니다.

곱셈을 덧셈보다 먼저 계산해야 하는 이유를 다음의 예를 통해 생각해봅시다.

한 자루당 500원인 연필 3자루와, 한 개당 300원 하는 지우개 4개를 사려고 합니다. 모두 얼마가 필요할까요?

$$\frac{500(\text{원})}{3(\text{자루})} \times 3(\text{자루}) + \frac{300(\text{원})}{1(\text{자루})} \times 4(\text{개}) = 2700(\text{원})$$

위의 식에서 숫자를 빼고 단위만을 가지고 식을 다시 세우면 다음과 같습니다.

$$\frac{(\text{원})}{(\text{자루})} \times (\text{자루}) + \frac{(\text{원})}{(\text{개})} \times (\text{개}) = (\text{원})$$

그런데 우리가 덧셈에서 미리 배웠듯이 덧셈은 같은 종류의 단위 사이에서만 가능합니다. 따라서 단위가 같지 않으면 계산을 할 수 없습니다.

즉, $\frac{(\text{원})}{(\text{자루})} + (\text{자루})$는 계산할 수 없는 것입니다.

그러나 곱셈은 단위가 달라도 계산할 수 있습니다.

즉, $\frac{500(\text{원})}{3(\text{자루})} \times 3(\text{자루})$는 1500(원)이 되고, $\frac{300(\text{원})}{1(\text{자루})} \times 4(\text{개})$는 1200(원)이 되어 단위가 같아지는 것입니다.

이처럼 곱셈을 먼저 하는 이유는 같은 단위로 만들기 위해서입니다.

단위가 다르면 더할 수 없는 것에 비하여, 곱셈은 단위가 틀려도 연산이 가능한 이유는 새로운 단위를 만들 수 있기 때문입니다. ★

홍쌤의 수학톡하자 - 각과 각도

5-1 우리 생활 주변의 각

5-2 각은 누가 왜 만들었을까?

5-3 직각은 어떻게 만들 수 있을까요?

5-4 각의 이름은 어떻게 만들어졌을까?

5-5 다각형의 각

5-6 시간과 각도의 공통점 60진법

5-7 각도의 이용

홍쌤의 수학톡하자

🖐-1 우리 생활 주변의 각

똘이의 취미는 학교에서 배운 수학 공식이나 개념들을 실생활에서 찾아보는 놀이를 하는 것입니다. 구구단 2단을 처음 배웠을 때, 똘이는 집에 가는 길에 이렇게 중얼거리면서 돌아갔습니다.

"자동차 두 개식 두 묶음이면 네 개, 두 개씩 세 묶음이면 여섯 개…"

또 큰 수끼리의 덧셈을 배운 날에는 지나가는 길에 있

는 간판들에 써진 전화번호를 더하기도 했지요. 314–1234와 같이 3자리–4자리 번호만 보면

"314 더하기 1234는 1548."

이런 식으로 모든 숫자들을 말하며 큰 수의 덧셈 연습을 했답니다.

이렇게 수학 연습을 열심히 하는 똘이의 수학 성적은 어땠을까요? 당연히 학교에서 1등이었습니다. 똘이만큼 어떤 문제가 나와도 빠르고 영리하게 푸는 학생은 아무도 없었기 때문이지요.

이런 똘이의 재능을 높이 평가하는 담임선생님께서 똘이를 불러 방과 후에 남아 지금 배우는 것들보다 조금 더 응용이 되고 심화된 수학 문제들을 풀면서 똘이가 수학에 더 큰 재미를 느낄 수 있도록 지도를 해주셨습니다. 똘이는 호기심도 많고 알려고 하는 욕심도 많은 학생이었기 때문에 선생님도 똘이와의 방과후 수업을 매우 좋아했답니다.

오늘 방과후 공부의 주제는 '각'입니다. 선생님이 똘이에게 묻습니다.

"자, 우리 생활 주변에서 각을 한 번 찾아볼까? 예를

들어 나뭇가지가 뻗어있는 모습에서도 각을 볼 수 있는 것처럼….”

그러자 똘이가 곰곰이 생각하는 표정을 짓더니 이내 환히 웃으면서 대답했습니다.

“저기 날아가는 기러기들이 V자 모양을 만들며 날아가는데요. 선생님, 저것도 각이라고 할 수 있나요?

“그렇지!”

“그럼 이렇게 하늘을 향해 뻗어 올린 두 팔에서도 각은 있는 거네요?”

“그렇지, 그렇지! 역시 우리 똘이는 똑똑하구나.!”

“선생님, 그런데요, 선생님 얼굴에도 각이 있어요. 그것도 직각이!”

“뭐? 그, 그런가? 하하하하.”

선생님의 얼굴은 빨개졌지만, 제자의 사랑스러운 농담에 기쁘게 웃을 수밖에 없었답니다.

우리가 일상생활에서 생각할 수 있는 각은 참 많이 있습니다. 종이 모양을 뾰족하게 하기 위해서 각을 작게 만들어 접고, 도로 공사를 할 때 땅을 평평하게 만들기 위해서 각을 없애기도 합니다. 또한 경사가 높은 산은 꼬불꼬불 완만한 경사로를 만들어 차가 힘들이지 않고 올라가게 만들며, 놀이터의 미끄럼틀은 개구쟁이들을 신나게 만들어줍니다.

이처럼 각은 우리 생활에서 여러 가지 작용을 하고 있지만, 우리는 잘 느끼지 못하면서 살아가고 있습니다. 여러분도 여러분 주위에 있는 각들을 한번 찾아보는 연습을 해보세요. 똘이처럼 수학 1등을 하게 되는 날이 멀지 않았을지 몰라요! ★

- 2

각은 누가 왜 만들었을까?

아름다운 산을 바로 뒤에 두고 있는 한 마을이 있었습니다. 이 마을에는 어린 시절부터 함께 공부하며 서로를 격려하던 두 친구가 있었습니다. 자연과 학문에 관심이 깊은 두 친구들은 항상 바른 마음가짐을 갖고 상쾌한 하루를 맞이하기 위해 동이 트기 전 산 중턱에 올랐습니다. 그곳에는 산 아래가 아름답게 내려다 보이는 작은 정자 하나가 있었습니다. 산 중턱까지 숨이 가쁘게 올라와 정자에서 한가롭게 아침 풍경을 맞는 두 친구들에게 이러한 아침의 시작은 어느새 의식처럼 매일 계속되고 있었습니다.

하루는 두 선비가 여느 때처럼 산에 올라 일출을 바라보고 있는 시간이었는데, 갑자기 고요를 깨고 한 친구가 말했습니다.

"그것, 참 이상하다. 이상해."

심각한 표정으로 고개를 갸우뚱거리는 친구의 모습에 나머지 한 친구가 물었습니다.

"아니, 뭐가 그렇게 이상하다는 건가?"

그러자 질문을 받은 친구가 먼 산을 바라보며 말했습니다.

"친구, 자네는 언젠가 늘 겪어오던 일이 갑자기 생소하고 이상하게 느껴질 때가 있었던 적이 없었나?"

"무슨 말을 하는건가, 늘 해오던 일인데 생소해질리가…."

"그러니까 내 말은…. 매일 봐오던 것인데 어느 날 정신을 차리고 보면 사실은 똑같은 것이 아니었다는 사실을 알 때라든지…."

"이 친구 점점 이상한 소리만 하는구먼. 간밤에 무슨 꿈을 꾸었기에 아침에 마음이 이리도 흐트러져 있단 말인가."

친구의 꾸지람 섞인 말투에도 아랑곳하지 않으며 나머지 한 친구는 여전히 먼 산만 바라보고 있었습니다.

잠시 동안 서로 말이 없던 두 친구 사이의 침묵을 깬 것은 역시나 맨 처음 질문을 말한 친구였습니다.

"그러니까 자네는 전혀 이상한 점을 못 느끼겠다 이 말이지?"

"그렇네. 도대체 어제도 그제도 똑같은 아름다운 풍경들인데 어디가 그렇게 이상하단 말인가? 설마 조물주가 밤새 몰래 내려와 저 커다란 소나무를 싹둑 베어가기라도 했단 말인가?"

"정말 답답하구먼."

"답답한 건 자네네. 도대체 뭐가 이상하다고 자꾸만 이상하다 이상하다 말만하고 이야기를 해주지 않는가?"

오늘따라 친구의 이상한 태도에 짜증이 나기 시작한 다른 친구가 화난 어조로 다시 물었습니다. 그제서야 처음 말을 꺼냈던 친구가 자신이 이상하게 생각했던 것을 설명하기 시작했습니다.

"어제는 분명 정확히 저~기 일출산 봉우리에서 해가 떠올랐는데 오늘은 그 봉우리에서 떠오르질 않았단 말이야."

"그게 무슨 말이지? 해는 날마다 저 동쪽의 일출산에서 떠올라서 서쪽의 일몰산으로 지는 것이 아닌가?"

고작 그런 이유였냐는 듯이 바라보는 친구의 얼굴이 궁금증으로 가득 차올랐습니다.

"아니, 뜨고 지는 방향을 말하는 것이 아니네. 내 말은 뜨는 위치를 말하는 것이지."

"그러니까 일출산에서 뜨는 해가 도대체 무엇이 문제가 있단 말인가?"

"자네는 떠오르는 해를 매일 보면서도 그런 생각을 조금도 가져본 적이 없단 말인가?"

"글쎄, 도대체 그런 생각이 뭐냔 말일세. 똑같은 곳에서 떠오르는 해가 도대체 뭘 어쨌다는 건지. 나는 도무지 자네가 무슨 말을 하는지 아까부터 도저히 이해할 수가 없구먼."

또 다시 언성이 높아지는 친구를 진정시키며 친구가 다시 말을 이었습니다.

"알겠네. 다시 설명하자면, 해가 같은 방향에서 뜬다는 자네 말은 맞네. 해는 일출산 쪽에서 뜨지. 그런데 떠오르는 위치가 매일 조금씩 이동한단 말이야."

"해가 뜨는 위치가 매일 다르다는 말인가?"

"그렇지, 이제야 이해하는구먼! 분명 어제는 떠오를 때 한쪽 귀퉁이가 저 산봉우리 끝에 닿아있었는데, 오늘은 봉우리 정중앙 쪽에서 해가 떴네."

"그래서 그게 어쨌다는 건가?"

"참 신기하지 않나? 해가 언제까지 얼마나 이동하는지…."

"그다지…. 쩝! 무슨 대단한 이야기를 하나 했더니만. 나는 가서 잠이나 더 자야겠네. 도대체 그런 것이 왜 궁금한 건가? 어차피 눈에 보이지도 않는 변화인데 말일세."

한심하다는 표정으로 하품을 하는 친구의 뒤를 따라가며 다른 한 친구가 어깨를 으쓱 하며 말했습니다.

"참 이상하다. 그게 왜 안 궁금하지?"

여러분은 위의 두 선비 이야기를 들으면서 정말 왜 태양의 뜨는 장소가 다른건지 궁금했나요? 지금으로부터 약 4000년 전에 지금의 시리아, 이라크, 이스라엘 등의 나라가 자리 잡고 있던 땅에 아주 높은 수준의 문명을 지닌 바빌로니아라는 나라가 있었습니다. 일찍이 수학이 발달하여 60진법이나 각도 그리고 건물을 짓는 측량기술 등에 대한 높은 수준의 지식을 가지고 있었습니다. 또한 바빌로니아인들은 태양에 관심이 아주 많아서 태양에 관련된 현상들을 매우 궁금하게 여기고 있었습니다.

오랜 기간 동안 태양을 관찰하던 바빌로니아 사람들은 다음과 같은 사실을 발견하게 되었습니다. ★

약 365일이 지나면 다시 원래의 자리에서 태양이 뜨고 진다.

봄, 여름, 가을, 겨울이 바뀌는 시기도 거의 365일 정도가 걸린다. 싹이 나고 잎이 무성해졌다가 시들고 다시 싹이 나기까지도 거의 365일 정도가 걸린다.

3-3

직각은 어떻게 만들 수 있을까요?

고대 이집트에서 가장 존경받는 직업 중의 하나가 바로 측량사였습니다.

이집트에서는 해마다 봄이 되면 나일강 상류 지역의 눈이 녹아내려 엄청난 양의 물이 하류지역으로 흘러들었습니다. 때문에 주변의 농경지는 물에 잠기기가 일쑤였고 그 때마다 각 농토의 구분선이 지워져 누구의 땅인지 알 수 없게 되었습니다. 이때 측량사들은 사라진 농토의 경계를 다시 만드는 일을 했습니다.

이렇게 대우를 받는 측량사들에게 있어 특히 중요한 일은 피라미드를 쌓을 때 정확히 직각이 되도록 측량하는 일이었습니다. 피라미드는 인류가 만든 가장 정교한 석조 건축물이라는 소리를 들어본 적이 있나요? 바로 그것을 가능하게 했던 것이 측량사들의 역할이었던 것이죠. 사실 피라미드가 어떻게 생겼는가에 대해서 여러 가지 이야기들은 있지만, 정확하게 사실로 밝혀진 것은 아무것도 없습니다. 고대 이집트의 그 어떤 문서를 뒤져보아도 피라미드를 만드는 과정에 대한 이야기는 찾아볼 수 없었기 때문이지요. 그렇기 때문에 현재까지도 추측만 난무한 채 이 건물에 대한 정확한 설계과정은 아무도 모른답니다. 우리가 알고 있는 사실은 각 방향의 네 귀퉁이가 정확하게 동서남북을 향하고 있다는 것과 각 돌들이 쌓아져 이루고 있는 각도가 자로 잰듯 하게 거의 오차 없이 이루어져 있다는 것입니다.

그럼 여기서 피라미드의 제작 현장에서 이루어졌을 법한 측량 기법에 관한 이야기를 하나 생각해볼까요?

볕이 뜨겁게 내리쬐는 이집트 사막에 많은 사람들이

나와 있습니다. 바로 피라미드를 만들기 위해 동원된 사람들입니다. 체력이 건강한 남성들도 몇 시간만 일하면 금방 녹초가 되어 버리는 더운 날씨 탓에 사람들의 움직임이 더욱 둔해졌습니다. 그늘 하나 없는 곳에서 무거운 돌을 날라야 한다는 것이 그리 쉬운 일은 아니었기 때문이겠지요.

듬성듬성 파라솔처럼 천막을 쳐 그늘을 만들어 놓은 곳에 감독관들이 일꾼들의 행동을 예의 주시하고 있습니다. 농땡이를 부리고 싶어도 도저히 부릴 수 없는 환경에서 사람들은 열심히 피라미드의 돌을 쌓아올립니다.

"야, 거기!"

커다란 덩치의 우락부락한 외모의 감독관이 돌을 올리고 있던 일꾼들을 부릅니다. 덩치만큼이나 목소리도 큰 그의 기세에 눌려 일꾼들은 하던 일을 당장에 멈추고 뒤를 돌아보았습니다. 돌아본 곳의 감독관 옆에는 측량사가 서 있었습니다.

"아이쿠, 각반장이다. 왜, 왜요?"

"돌을 그렇게 대충 쌓아올리면 어떻게 해? 각을 맞춰야지. 직각을!"

각을 맞추라는 그들의 지시에 일꾼들은 기어들어가는 목소리로 말해봅니다.

"아이고, 그냥 조금씩 좁혀 쌓아 올라가면 되지. 뭘 그렇게…."

"이런, 큰일날 소리! 피라미드의 중심이 직각이 되지 않으면 쉽게 무너져 내린단 말이야!"

"아이고, 귀청 떨어지겠네. 알았다고요~ 그나저나 각 반장은 달랑 저 매듭이 지어진 밧줄만 가지고 직각을 어떻게 알아내는 거지?"

여러분은 매듭 밧줄을 가지고 그들이 어떻게 직각을 측정했다고 생각하나요? ★

4 - 4

각의 이름은 어떻게 만들어졌을까?

둥글둥글 '원 나라' 임금님에게는 도리라는 예쁜 공주가 있었습니다. 도리 공주는 착한 마음과 동그랗고 아름다운 미모를 갖춘 소문난 미인이었답니다. 그래서 원 나라를 둘러싸고 있는 주변의 여러 '각 나라'에서는 도리 공주와 결혼을 하기 위해 무수히 많은 왕자들이 원 나라에 찾아왔습니다.

가장 먼저 도리 공주를 찾아온 왕자는 예각 왕자였습니다.

"공주님 안녕하십니까, 저는 예각 왕자라고 합니다."

"반갑습니다, 예각 왕자님."

깍듯하게 인사를 나눈 도리 공주와 예각 왕자는 산책로를 걸으며 이야기를 나누었습니다.

그는 똑똑하게 생긴 외모와 재치 있는 성격으로 왕궁의 모든 사람들을 즐겁게 했습니다. 생긴 것만큼 실제로도 똑똑한 예각 왕자는 만일 자신이 공주의 배우자가 된다면 여러 국가들 사이에서 원 나라를 가장 강력하게 만들 수 있는 방법이나 혹은 더욱 풍요롭게 만들 수 있는 방법을 고민해서 이곳을 꼭 그렇게 만들겠노라고 말하며 자신감을 보였습니다. 그는 정치나 외교 분야에 대해 잘 알고 있었고, 열심히 공부해온 덕에 어느 분야라도 전문가만큼이나 지식이 풍부했습니다. 그가 도리 공주의 남편이 된다면 원 나라는 지금보다 훨씬 부유하고 살기 좋은 나라가 될 것이 확실했습니다. 자신의 나라로 돌아갈 때에도 예의 바르게 작별인사를 하고 돌아서는 예각 왕자를 보고 모든 사람들은 고개를 끄덕거리며 그야말로 공주님의 남편감으로 충분해 보이는 사람이라고 서로들 칭찬을 아끼지 않았습니다.

각의 이름은 어떻게 만들어졌을까?

예각 왕자가 돌아가고 다음으로 도리 공주를 찾아 원 나라에 온 왕자는 둔각 왕자였습니다. 이 왕자는 풍요로워 보이는 인상과 함께 매우 자상한 성격을 갖춘 사람이었습니다. 호감이 가도록 웃을 줄 아는 이 둔각 왕자는 여행을 좋아하는 왕자였습니다. 세상의 거의 모든 곳을 빠짐없이 여행한 둔각 왕자는 도리 공주에게 여행을 하면서 느끼거나 들은 것, 그리고 그가 겪었던 재미있는 일화들을 이야기해주며 도리 공주의 환심을 샀습니다. 둔각 왕자는 자신이 공주의 배우자가 된다면 함께 여행을 떠나서 세상의 가장 아름다운 곳들을 공주에게 모두 보여주고 싶다고 말했습니다. 궁을 한 번도 떠나본 적이 없었던 공주는 낭만적인 둔각 왕자의 제안에 마음이 흔들렸습니다. 그는 공주뿐만 아니라 신분을 떠나 모든 사람들과 잘 융화되고 사람들을 즐겁게 하는 매력을 가지고 있었습니다. 궁에서 일하는 모든 시녀들이 둔각 왕자의 자상함에 입에 침이 마르도록 칭찬을 하였습니다.

두 왕자 외에도 여러 왕자들이 혼기가 찬 공주를 만나러 왔다 갔습니다. 이윽고 원 나라의 임금은 도리 공주를 자신의 방으로 불렀습니다. 궁의 모든 사람들은 공주가 어떤 왕자와 혼인할지를 놓고 서로들 수군대기 시작했습니다.

"역시 나라에 이득을 줄 수 있는 예각 왕자와 결혼하는 것이 낫겠지?"

"무슨 소리야, 여자라면 당연히 자상한 둔각 왕자님이지!"

"자상하면 뭐해? 예각 왕자님처럼 똑똑해야 나라가 부유해지고, 그래야 도리 공주님이 더 행복하시지 않겠어?"

"행복이 꼭 돈이 많아야 하는 건 아니잖아, 둔각 왕자님하고 낭만적인 여행을 하면서 서로 사랑을 속삭이는 일이야말로 행복이지."

방으로 공주님이 들어오자 임금님은 한껏 궁금한 얼굴로 공주에게 대답을 재촉했습니다.

"공주야, 어떠냐? 오늘 본 왕자 중에 마음에 드는 왕자가 있느냐?"

그러자 도리 공주는 수줍게 눈을 내리깔고 말했습니다.

"음, 예각 왕자님이 재치도 있고 여자의 마음을 아는

센스도 있지만 좀 날카롭고…."

"날카롭다고? 그래, 예각 왕자는 너무 인상이 날카로워보였다. 그럼 안 되지."

고개를 끄덕이며 임금은 도리 공주에게 물었습니다.

"그렇다면 둔각 왕자는 어떠냐?"

눈을 깜빡이며 도리 공주는 잠깐 생각에 잠긴 뒤

"음, 둔각 왕자님은 성격은 너그러운 것 같은데 어딘지 모르게 좀 둔한 구석이 있는 것 같고…."

라고 말하며 말끝을 흐렸습니다.

"둔한 것 같다고? 어허, 그럼 안 되지."

임금은 걱정스런 눈빛으로 공주를 보며 다시 물었습니다.

"그럼 다른 왕자는 어떠하더냐?"

"다른 왕자님들은 개성이 없어서 이름조차 생각이 나질 않습니다."

"어허, 그래? 그럼 예각 왕자가 좋다는 말이냐?"

도리 공주는 도리도리 고개를 저었습니다.

"그럼 둔각 왕자가 좋다는 거냐?"

역시 도리 공주는 또 도리도리 고개를 저었습니다.

0°보다 크고 90°보다 작은 각들에게는 '날카롭다'라는 뜻으로 '예각'이라고 이름을 붙였고, 90°보다 크고 180°보다 작은 각들에게는 '둔하다'라는 뜻으로 '둔각'이라고 붙였고, 180°는 '평평하다'라는 뜻으로 '평각'이라고 이름을 붙였습니다.

그렇다면 이 세 각 외에 이름이 없는 각에는 어떤 각들이 있을까요? ★

5

다각형의 각

다음과 같이 일렬로 늘어선 선들이나 ∠ 모양으로 되어있는 두 선분이 다각형이 될 수 없는 이유는 무엇일까요?

우리가 말하는 삼각형, 사각형, 오각형들은 평면 위에 세 개 이상의 선분으로 둘러싸인 다각형의 종류들입니다. 이 이름 앞에 '삼, 사, 오'들의 숫자가 붙는 것은 그

다각형이 가지고 있는 각의 개수를 뜻하는 말입니다. 즉, 삼각형은 세 개의 선분으로 둘러싸인 세 개의 내각을 가지고 있는 다각형이라는 뜻이지요. 사각형, 오각형, 육각형 등의 다각형 역시 마찬가지입니다. 선분의 개수와 내각의 개수가 다각형의 이름을 결정짓게 됩니다. 다음 똘이와 맹구의 이야기를 읽고, 다각형에 대하여 좀 더 자세히 알아봅시다.

똘이와 맹구는 학교에서 다각형이란 무엇인가에 대해 공부했습니다. 평소 학교에서 배운 내용을 잘 기억하는 똘이는 집에 가기 전에 수학 시간에 배운 다각형에 대해서 노트에 적고 있었습니다. 수업시간 중 선생님께서 하신 말씀을 기억해 내면서 노트 정리를 하는 똘이 옆으로 옆집 친구 맹구가 다가와 이렇게 말했습니다.

"똘이, 남아서 공부하는구나. 다각형이라면 나도 공부 열심히 했는데 물어볼 거 있으면 물어봐. 다 알려줄게."

으스대면서 똘이 옆에 앉는 맹구를 보며 똘이가 물었습니다.

"고맙다. 맹구야, 안 그래도 모르는 게 있었는데. 너 다각형의 정의가 뭔지 알지?"

"그럼, 평면 위에 세 개 이상의 선분으로 둘러싸인 도형을 말하지."

"그래, 그런데 우리가 다각형에 이름을 붙일 때 조건이…."

"선분의 개수와 내각의 개수에 따라서 삼, 사, 오각형 등의 이름을 붙이지."

똘이의 말을 가로채며 맹구가 재빨리 말했습니다. 고개를 끄덕이며 똘이가 다시 맹구에게 물었습니다.

"그래, 맞아. 너 정말 공부 열심히 했구나, 맹구야. 그런데 여기 나오는 선분이란 것은 점과 점을 연결한 선을 말한다는 건 알겠는데, 도대체 내각이 뭘까?"

똘이가 묻자 맹구는 단 한번의 망설임도 없이 큰 소리를 내어 웃으며 말했습니다.

"하하하하하하, 아니 이렇게 쉬운 걸 몰랐다는 말이야? 똘이 너 수업시간에 공부 열심히 안했구나? 연습장하고 연필 좀 줘봐. 내가 설명해줄게."

똘이에게 펜을 받아든 맹구는 연습장에 원을 하나 그리고는 똘이에게 말했습니다.

“자, 봐. 이건 다각형이라고 할 수 없어. 모서리 부분이 뾰족하지 않아서가 아니라 유식한 말로 세 개 이상의 선분으로 이루어져 있지 않아서야. 이건 곡선 하나잖아.”

똘이는 맹구의 말에 알았다는 듯한 표정을 지어 보이며 다음 말을 기다렸습니다. 사실 원이 다각형이 될 수 없는 이유는 똘이 역시 알고 있었거든요. 똘이가 궁금해 했던 질문은 바로 ‘내각’에 관한 것이었습니다. 여러분도 기억하고 있었나요? 그러나 이런 똘이의 마음도 모르고 맹구는 그려놓은 원을 가지고 계속해서 아는척을 합니다.

“그리고 이 원은 각이 없어. 뭐 굳이 원의 중심에 점을 하나 찍고 본다면 원 중심의 각은 360°라고 말할 수도 있지만 그것 외에는 각이 없단 말이지. 그래서 다각형이 아닌거야.”

신이 나서 떠드는 맹구에게 차마 ‘그건 다 아는 내용이니까 빨리 내각이 뭔지나 이야기해줘.’라고 말할 수 없었던 착한 똘이는 맹구가 하는 말에 맞아 맞아, 라고 맞장구를 쳐주며 빨리 내각에 대한 설명이 나오길 기다렸습니다. 열심히 목청을 높여 설명하는 맹구의 뒤로 키 큰 그림자가 하나 드리웁니다. 똘이는 속으로 깜짝 놀라지 않을 수 없었습니다. 그 그림자의 주인공은 바로 수학 선생님이었기 때문입니다.

집에 돌아가시는 길에 맹구의 설명을 듣고 발걸음을 멈추신 것이 분명합니다. 재미있다는 표정으로 맹구의 뒤에서 설명을 듣고 계시는 선생님을 본 똘이가 맹구에게 '선생님이 오셨으니 선생님께 여쭤보자.'라는 생각으로 말하려고 입을 떼려는데, 선생님께서 검지 손가락을 입에 가져다 대시곤 '쉿' 하는 시늉을 하십니다. 아마 매일 수업시간에 딴짓만 하다 선생님께 혼이 나는 맹구가 얼마나 공부를 했나 확인하고 싶으신가 봅니다. 영문도 모르는 맹구는 계속해서 종이에 그림을 그렸습니다. 이번에는 삼각형을 그립니다.

"자, 봐. 이제 드디어 네가 궁금해 하는 내각에 대해 이야기 해줄테니까 잘 들어. 여기 이렇게 삼각형이 있잖아? 이것이 삼각형인 이유는 선분이 세 개이고…."

선분 세 개를 연필로 이어보이며 맹구는 다시 한번 어깨를 으쓱 합니다. 그리고 삼각형 맨 위의 꼭짓점 바깥

으로 동그랗게 두 선분을 잇는 원 모양을 그리더니

"이게 바로 각이야. 자 봐, 이런 각이 삼각형 각 모서리마다 하나, 둘, 세 개가 있지."

라며 각 꼭짓점 밖에 원 모양들을 그려 넣었습니다. 그 순간 '딱' 소리가 나며 맹구가 '아야' 하는 외마디 비명을 질렀습니다. 선생님의 강력한 꿀밤 때문이었지요.

"아야, 선생님 친구에게 열심히 수학을 가르쳐주고 있었는데 왜 때리세요! "

억울한 표정을 짓는 맹구에게 선생님께서 말씀하십니다.

"그렇게 가르쳐줄 바엔 차라리 모른다고 하는 게 도와주는거다 이 녀석아. 그러니까 평소 수업시간에 열심히 들었어야지!"

자신이 열심히 한 설명이 틀렸다는 것을 깨달은 맹구는 똘이에게 자랑했던 자신의 모습이 떠올라 얼굴이 홍당무처럼 빨개졌습니다.

다각형에서 이웃하는 두 변으로 이루어지는 각을 그

다각형의 각 또는 내각이라고 합니다. 다시 말해 우리가 흔히 다각형의 각이라 함은 내각을 말하는 것입니다. 똘이가 그린 내각의 그림과 전혀 반대 부분이 바로 내각이라고 볼 수 있습니다. 다각형을 다루면서 등장하는 또 하나의 개념은 다각형의 외각입니다. 똘이가 그린 그림을 떠올리며 '뭐야, 그건 외각이잖아.' 라고 생각한 친구들이 있나요? 어떤 친구들은 똘이가 그린 다각형의 각을 표시하는 부분을 외각이라고 착각하기도 합

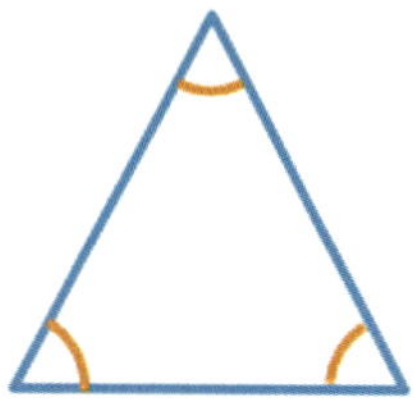

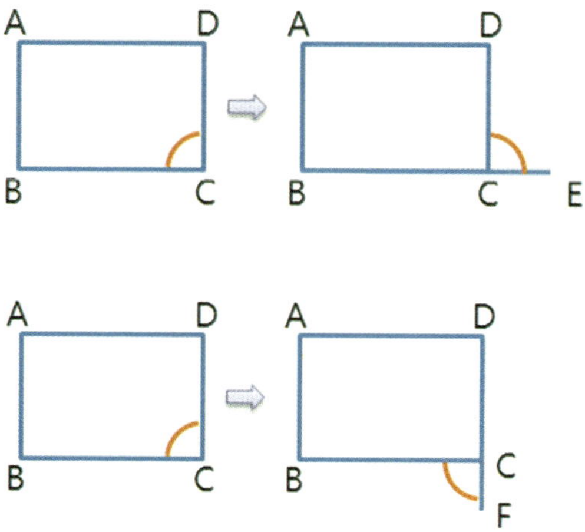

니다. 그러나 외각이란 각 꼭짓점에서 한 변과 그 변에 이웃하는 변의 연장선이 이루는 각을 말하며, 사각형을 ABCD로 표시할 때에는 각 BCD의 외각이 각 DCE가 되는 것이며 사각형을 ADCB로 표시할 때에는 각 DCB의 외각은 각 BCF가 되는 것입니다.

똘이와 맹구의 이야기를 읽으면서 여러분은 다각형의 정의와 다각형을 이루는 조건, 그리고 왜 원은 다각형이 될 수 없는지에 대하여 배웠습니다. 이제 여러분은 정확하게 배웠으니 친구들에게 마음껏 자랑하면서 설명해도 문제없겠지요? 꿀밤 맞을 일은 절대로 없을 테니까요. ★

6-6

시간과 각도의 공통점 60진법

아주 먼 옛날에 시간나라와 각도나라가 있었습니다. 이 두 나라는 틈만 나면 서로를 헐뜯고 싸우며 매일 으르렁 댔습니다. 그래서 두 나라의 왕들은 백성들과 신하들이 서로 싸우지 않도록 나라의 국경을 지키는 데 온 신경을 곤두세우느라 정작 나라 안의 문제들을 제대로 돌보지 못했습니다. 그러다보니 간신들은 백성들의 세금을 빼돌려 자신의 재산으로 만들었고, 풍요롭던 나라의 창고는 어느새 바닥을 보이고 있었습니다.

날로 가난해져가는 백성들은 먹고 살 길이 없어 도둑질을 일삼았고 점점 폭력적으로 변해갔습니다. 옆 나라와 싸움을 벌이지 않도록 국경수비에 신경을 쓰는 동안 나라 안에서의 싸움은 더욱 커져만 갔습니다. 왕이 신경을 쓰지 않는 동안 각 마을마다 귀족들이 왕 노릇을 하며 백성들을 못살게 굴고 있었고, 이제는 아무도 나라의 왕을 칭송하는 노래도, 나라의 아름다운 풍경과 풍요로운 행복을 말하던 음유시인도 노래하지 않았습니다. 나라의 기운은 점점 기울어져 가고 있었습니다.

한 나라만 이런 것이 아니라 두 나라 모두 이런 상황이 전개되자 각도나라의 왕과 시간나라의 왕은 깊은 고민에 빠졌습니다. 그 중 시간나라의 왕은 특히 더 깊은 고민에 빠지게 되었습니다.바로 자신의 딸인 '시간 공주'가 평화로운 나라를 말하는 노래를 부르지 못하게 되자 시름시름 앓으며 어두운 방에만 누워 지내고 있었기 때문이었습니다. 왕은 자신이 총애하는 똑똑한 신하를 불러 물었습니다.

"이 나라를 다시 예전처럼 평화롭게 만들 수 있는 방

법은 없는 것인가? 그대가 방법을 좀 생각해보게."

그러자 신하가 왕에게 말했습니다.

" 나라의 운이 다한 것도 결국은 싸움을 말리기 위해 오히려 더 큰 군대를 만들고, 수비를 철통같이 하면서 나라의 돈을 엉뚱한 곳에 소비했기 때문입니다."

"아니, 각도나라 사람들과 틈만 나면 다투어서 매일 문제를 만드는 사람들을 그러면 그대로 놔두었어야 했다는 말인가?"

그러자 신하는 고개를 저으며 말했습니다.

"폭력적인 방법의 해결은 결국 또 다른 폭력만을 낳을 뿐입니다, 왕이시여."

신하의 말을 듣고 곰곰이 생각하던 왕은 물었습니다.

"그렇다면 군사를 키우고 나라의 수비를 강화하는 일 말고 도대체 어떤 방법으로 예전 같이 평화로운 나라를 만들 수 있다는 말인가?"

왕의 말에 신하는 고개를 조아리며 대답했습니다.

"평화의 시작은 이해와 화해에서 옵니다. 일단은 각도나라의 왕을 만나서 나라의 문제에 대해 상의해 보심이 어떠실런지요? 분명 각도나라의 왕께서도 많은 고민을 하고 계실 겁니다."

"알겠네. 그렇다면 내일 사람을 보내어 약속을 잡아보도록 해주게."

"옳으신 결정을 하신 겁니다, 위대한 왕이시여."

각도나라의 왕과 만날 약속이 정해지자 시간나라의 왕은 밤새 뒤척이며 걱정했습니다.

날이 밝아 시간나라의 왕과 각도나라의 왕의 일가족들이 모두 한 자리에 모여 식사를 하며 대화하는 시간을 가졌습니다. 시간나라의 신하가 말한 대로 두 나라의 왕 모두가 나라의 문제에 대해 크게 고민하고 있는 듯 표정이 밝지 않았습니다. 시간나라의 왕과 각도나라의 왕은 서로 어떤 이야기에 대해 먼저 말을 꺼내야 할지 선뜻 입이 떼어지지 않아 농담만으로 몇 시간을 소비하고 있었습니다.

그런데 별안간 어디에선가 아름다운 노랫소리가 들려왔습니다. 오랜만에 밖에 나와 변함없이 아름다운 햇빛과 나무들을 본 시간 공주가 노래를 부르기 시작했던 것이었습니다.

"따님께서 매우 아름다운 음색을 가지셨습니다. 평생

을 살아도 단 한번 듣기 어려울 아름다운 노래군요."

각도나라의 왕이 시간나라의 왕에게 공주의 칭찬을 했습니다.

"별 말씀을요, 그렇게 칭찬해주시니 영광입니다."

흐뭇해 하는 시간나라의 왕에게 각도나라의 왕이 물었습니다.

"그런데 저 음이 어디선가 굉장히 들어본 듯한 곡이군요. 어떤 노래입니까?"

각도나라 왕의 물음에 시간나라의 왕은 흔쾌히 대답했습니다.

"저 노래는 60진법을 사용하여 인간의 삶을 더 풍요롭게 도와주시고 아름다움을 주신 우리 시간나라의 신께 바치는 감사의 노래입니다."

그 말을 들은 각도나라의 왕은 눈을 동그랗게 뜨며 물었습니다.

"60진법을 주셨다고 하셨습니까? 그거 신기하군요, 우리 각도나라 역시 신께서 주신 60진법을 활용하여 번창했는데 말입니다."

시간나라의 왕은 의아해 하며 말했습니다.

"아니, 그 근원은 우리 나라 외에는 가질 수 없는 신의 이야기인데…."

"우리 역시 마찬가지입니다. 이 신은 우리 나라 외에는 아무도 섬기지 않습니다. 시간나라가 60진법을 근원으로 쓰고 있는지도 지금 알았군요."

잠시 동안 말이 없던 두 왕은 망설이며 입을 열었습니다.

"어쩌면 시간 나라와 각도 나라는…."

"형제 나라일 수도 있겠군요.."

그 순간 각도나라의 '도 왕자'가 시간나라의 '시간 공주'가 아름답게 어울리는 노래를 함께 부르기 시작했습니다. 가사도 다르고 음도 달랐지만 마치 하나의 음이었던 것 같은 착각을 일으키는 두 노래는 점점 더 아름답고 우아하게 어울리기 시작했습니다. 시간나라의 왕이 각도 나라의 왕에게 물었습니다.

"지금 도 왕자가 부르고 있는 저 노래는 무엇입니까?"

그러자 각도나라의 왕이 빙그레 웃으며 대답했습니다.

"저 노래 역시 우리 나라 신에게 바치는 감사의 노래입니다."

감동적인 두 왕자와 공주의 노래를 들은 두 나라의 가

족들의 눈에는 어느새 감동과 따스함의 눈물이 맺혀 있었습니다. 그동안 서로에게 쌓여있던 미움도 모두 녹아버린 것만 같은 두 사람의 노래에 모두들 한동안 말이 없었습니다.

침묵을 끊고 도 왕자가 자신의 아버지에게 말을 이었습니다.

"아버지, 시간 공주와 함께 노래를 부르면서 깨달았습니다. 우리는 운명입니다. 제발 공주와 혼인할 수 있도록 허락해주십시오."

당황해 할 줄 알았던 시간 공주 역시 자신의 아버지에게 부탁했습니다.

"아버님, 세상 그 어떤 것에서도 찾을 수 없던 위로와 평안을 저 사람에게서 이 짧은 순간에 얻었습니다. 이것이 운명이 아니고 무엇이겠어요? 제발 그와 혼인하는 것을 막지 마세요."

두 사람의 간절한 부탁을 듣고 화통하게 웃은 두 왕은 얼마 지나지 않아 두 사람의 결혼식을 성대하게 치러주었습니다.

서로의 신께 감사하며 화해하고 이해한 두 나라는 다

시 예전처럼 평화로운 나라로 돌아왔고 백성들 역시 삶에 여유로움을 찾아 잊어버린 줄로만 알았던 아름다운 노래들을 다시 부르기 시작했습니다. 시간 공주와 도 왕자 역시 행복한 결혼생활을 보냈으며 얼마 지나지 않아 '분 왕자'와 '초 공주'를 낳아 더욱 아름다운 나라를 만들어 갔답니다.

시간과 각도의 공통점은 무엇일까요? 얼핏 보면 둘 사이에 아무런 관계가 없는 것처럼 보이지만 두 가지는 서로 밀접한 관계가 있습니다. 이 둘은 60진법을 사용하고 있다는 것입니다.

시간의 단위를 보면 1시간은 60분이고, 1분은 60초로 나타낼 수 있습니다. 각도에서도 마찬가지로 1°(도)는 60′(분)이라고 하고 1′(분)은 60″(초)라고 합니다. 예를 들어서 오전 8시 30분 20초를 시간으로 나타낸다면 다음과 같이 나타낼 수 있습니다.

$$8 + \frac{30}{60} + \frac{20}{60 \times 60}(\text{시간})$$

여기서 분모 60, 60×60을 빼고 보면 각도를 표현하는 방법과 비슷한 모양이 되는걸 알 수 있습니다. 각도에서도 1°(도)보다 작은 각을 표시할 때는 ′(분), ″(초)를 사용하기 때문입니다. ★

- 7

각도의 이용

18세기 프랑스의 영웅이라면 빼놓을 수 없는 인물인 나폴레옹은 세계를 정복하기 위한 긴 여정을 떠났습니다. 최고 사령관 지위에 오른 나폴레옹은 이탈리아를 정복하고 계속해서 독일을 공격했습니다.

"싸워라, 내 사전에 불가능이란 없다!"

그의 리더십과 화끈한 성격으로 부하들은 모두 그에게 굳은 충성을 맹세하였고, 그는 그만의 강력한 군대로 나가는 전쟁마다 승전보를 울리는 프랑스의 영웅이 되었습니다. 이런 그가 세계 정복의 꿈을 안고 군사를 데리고 유럽을 공격하는 와중에 독일과의 국경에서 강을 만나게 되었습니다.

"장군님, 문제가 생겼습니다."

한 병사가 긴급하게 나폴레옹에게 다가와 문제를 알렸습니다.

"아직 독일로 진격도 못했는데 무슨 문제가 벌써 생긴단 말이냐!"

그의 커다랗고 위엄있는 목소리에 놀란 병사는 기어들어가는 목소리로 말했습니다.

"강 건너편에 독일군들이 까맣게 몰려 있어서, 독일군 진지를 향해 대포를 발사하고 있는데 대부분의 포탄들이 명중되지 못하고 강물에 빠져버리거나 독일군 발끝에도 가지 못하여 강을 건널 수가 없는 노릇입니다."

"강의 폭을 재서 포를 쏘면 간단한 일이 아니냐?"

나폴레옹이 물었습니다. 그러나 병사는 손을 저으며 다급하게 말했습니다.

"아이고 장군님, 강의 폭을 재겠다고 강을 건너는 순간 독일군 손에 죽은 목숨이 될 텐데 도대체 누가 그런 바보 같은 짓을 합니까? 말이 되는 소리를 하십시오. 억만금을 준다고 해도 눈에 뻔히 보이는 죽음을 무시할 수 있는 사람은 없을 겁니다."

"그래서 결국 하고 싶은 말은 무엇이냐?"

나폴레옹의 말에 병사는 우물쭈물하며 작은 목소리로 말했습니다.

"일단은 전진하는 것은 무리일 것 같으니 당분간은 묘책이 생길 때까지 만이라도 병사들을 좀 쉬게 하시는 게 어떻습니까? 그 다음은 그 뒤에 생각해보는 것이…."

병사의 말에 나폴레옹은 낮고 가라앉은 위엄있는 목소리로 말했습니다.

"나약한 소리 하지 마라. 앞으로 나갈 수 없다고 다시 뒤로 물러설 수는 없는 것이다. 내가 방법을 생각해볼 테니 일단은 병사들에게 먹을 것을 나누어주고 오늘은 푹 쉬라고 전하라."

긴 전쟁 속에서 늘 배고픔에 시달리던 병사들은 오랜만의 포식에 다들 들떠있었습니다. 나폴레옹이 특별히 가져온 커다란 고기들과 따듯한 스프는 그들의 사기를 충전하는 데 충분해 보였습니다.

"이게 왠 고기야! 매일 야채덩어리만 먹다가 고기를 보니 눈앞이 다 잘 보이는 느낌이네."

"그러게나 말이야. 어쩐 일로 오늘따라 이렇게 푸짐한 식사가 나오지?"

병사들은 다들 궁금해 했으나 일단 다가온 행운을 마음껏 만끽했습니다. 저 멀리서 병사 한 명이 달려오며 외쳤습니다.

"장군님께서 음식과 술 모두 마음껏 먹어도 좋다고 하셨다!"

그의 말을 들은 병사들의 사기가 한껏 달아올랐습니다.

"끝내준다! 이게 왠 행운의 행운이람!"

"장군님 만세!!"

"실컷 먹고 재충전해서 내일은 대포를 메고 강 중앙에

서 쏘자구!!"

"하하하하하하."

한껏 신이난 군사들은 농담도 해가며 그날 밤을 흥겨운 춤과 노래로 전쟁의 긴장을 풀어버리고 잠이 들었습니다.

전날의 후한 포상 덕에 든든한 배를 두드리며 한층 더 강한 모습을 보이는 병사들은 어제 늦게까지 놀다 잠들었지만 아침 일찍 일어나 적진을 향해 날을 세운 모습을 보였습니다. 세계 정복의 꿈을 나누는 나폴레옹의 군대다운 모습이었습니다. 군사들과 비슷한 시각에 일어나 옷을 갖춰 입은 나폴레옹은 그들의 앞에 서서 전날의 풀어진 분위기가 언제였냐는 듯 대열을 맞추고 있는 자신의 군사들을 둘러보며 만족해 하는 표정을 지어 보인 뒤 말했습니다.

"오늘 우리는 반드시 승리한다. 승리의 여신은 항상 우리 편이니 의심하지 말고 앞으로 나갈 생각만 하자!"

"네, 장군님 !"

우렁찬 함성으로 대답한 군사들은 각자 대포의 앞뒤로 대열을 정비했습니다. 그들의 머리 속에는 승리라는 두 글자 외에는 아무것도 없었습니다.

정비를 마친 군사들을 뒤로한 채 나폴레옹은 강변 앞에 서서 강 건너편의 한 곳을 뚫어져라 쳐다보았습니다. 그리고 들고 있던 나뭇가지로 자신이 서있는 위치를 표시한 후, 같은 자세를 유지하며 뒤로 걸어가다가 멈춰 섰습니다. 그는 손짓으로 멀리 있던 포병대장을 불렀습니다.

"부르셨습니까, 장군님?

달려온 포병대장에게 나폴레옹은 말했습니다.

"저 강변 앞에 내가 표시해둔 곳이 있을 거다. 그곳과 지금 내가 서 있는 곳의 표시된 곳의 거리를 재라."

"네 장군님"

대답한 포병대장은 나폴레옹의 말대로 두 곳의 길이를 재서 그에게 보고했습니다.

"방금 잰 거리를 이용하여 대포의 각도를 조절해라!"

나폴레옹이 그에게 말했습니다. 포병대장은 나폴레옹의 말을 듣고 길이를 감안하여 대포의 각도를 조절하였습니다. 그런데 신기하게도 강 중앙에서 쏴야만 명중할 것 같이 짧은 동선을 보이던 포탄이 적진 한가운데로 명중하는 것이 아닙니까?

후대의 사람들은 그런 그를 '전쟁의 천재'라 불렀습니다. 천재라는 별명은 아무렇게나 붙는 것이 아니라는 것을 증명한 셈이지요. ★

홍쌤의 수학톡하자 - 삼각형

6-1 어떤 모양부터 도형이라고 할 수 있을까?

6-2 기본 도형인 삼각형

6-3 소년 파스칼이 발견한 삼각형 내각의 합

6-4 세 변으로 삼각형을 만들어 봅시다

6-5 완벽한 모양인 이등변 삼각형

6-6 직각 삼각형

홍쌤의 수학톡하자

- 1

어떤 모양부터 도형이라고 할 수 있을까?

오늘도 즐거운 수학시간입니다. 나점임 선생님께서 열심히 아이들에게 수학을 가르치고 계십니다. 오늘따라 똘망똘망한 학생들의 눈이 선생님을 바라보며 공부를 하고 있습니다.

“자, 여기 선생님이 그린 것을 뭐라고 부르는지 알고

있는 사람?"

선생님은 칠판 위에 가로로 긴 선을 하나 그렸습니다. 작은 손이 하나 올라옵니다.

"그래, 철수 대답해볼까?"

"선이요."

"그것만으로는 부족한 것 같은데…."

"음. 그럼 가로선?…."

자신이 없어진 듯한 철수의 대답에 선생님은 웃으시며 철수에게 자리에 앉아도 좋다고 말했습니다.

"자, 여기 내가 그린 것은 선이 맞단다. 하지만 수학을 공부하는 사람이라면 이 선이 어떤 선인가에 대해서 정확히 얘기할 수 있어야 하지."

선생님의 말을 듣고 또냐가 손을 들었습니다.

"그래, 또냐. 대답할 수 있겠니?"

"네, 그런데 선생님이 말씀하신 '어떤 선'이라는 것은 선의 종류를 물어보시는 건가요?"

"정확하게 말하자면 그렇단다. 그냥 선이라고 불러도 좋지만 내가 그린 이 선은 특징이 하나 있지. 그것이 무엇인가를 물은 거란다."

선생님의 말에 또냐는 곰곰이 생각하다가 대답했습니다.

"그렇다면 저것은 직선인가요?"

똑똑한 또냐의 대답에 선생님은 흐뭇한 미소를 지으시며 말했습니다.

"정답이다. 내가 그린 이 선은 어느 한 방향으로도 기울어지지 않고, 또 구부러지지도 않았다. 그러므로 이 선을 우리는 '직선'이라고 부른다."

답을 맞힌 또냐를 기특하게 바라보신 선생님은 계속해서 수학의 가장 기본적인 개념들에 대해서 설명해주셨습니다.

"수학에서 도형을 설명할 때 필요한 것이 바로 점, 선, 그리고 면이다. 방금 내가 그린 것은 여러분에게 기초를 설명해주기 위해 그려본 선의 한 종류이다. 점점 수학을 깊이 공부하다 보면 여러 가지 선의 종류와 특징을 배우게 될 테니 차근차근 공부해두는 것이 중요하단다."

다른 학생이 손을 들어 질문합니다.

"선생님, 그럼 '선'이라는 것은 무엇인가요?"

"선이라는 것은 한 점이 연속적으로 움직인 자취를 말하는 것이지."

도무지 무슨 말인지 모르겠다는 표정을 짓는 학생들 앞에서 나점임 선생님은 칠판 앞으로 간 뒤 그것을 가리켰습니다.

"자, 지금부터 이 커다란 칠판을 교실이라는 공간 안에 있는 하나의 '면'이라고 생각해보자."

그리고 선생님은 분필을 들어 칠판에 점 하나를 찍으셨습니다.

"지금 내가 찍은 것이 무엇이라고 생각하지?"

"점이요!"

철수가 자신 있게 대답했습니다.

"맞아. 내가 지금 찍은 것은 점이다. 그러나 이것은 점이 아니기도 하지. 왜 그럴까?"

교실은 조용해졌습니다. 점을 찍은 선생님께서 그것이 점이 왜 아니냐고 물으니 대답을 할 수 있는 사람이 없을 수밖에요.

"여러분이 알고 있는 점이라는 것은 사실 굉장히 추상적인 개념이란다. 점은 우리의 머릿속에서만 존재하는 모양이기 때문에 현실적으로 그리는 것이 불가능한 일이야."

그러자 또냐가 손을 들어 질문합니다.

"하지만 선생님, 선생님께서는 아까 선을 점이 움직인 자리라고 말씀하지 않으셨나요?"

"그것 또한 맞는 말이다. 그런 맥락으로 보면 점은 형태로 생각하기 보다는 '위치'라고 생각하는 것이 올바른 일이겠지. 말하자면 점은 '위치는 있지만, 부분이 없는 것'이라고 할 수 있단다. 때문에 두 점을 지나는 직선은 한 개만 그릴 수 있고, 한 점을 지나는 직선은 무수히 많이 그릴 수 있게 되는 것이지."

선생님의 말씀을 듣고 있던 또냐가 다시 한번 질문합니다.

"그러니까 형태는 없지만 위치를 나타낼 수 있는 것이 '점', 그리고 그 점들을 이었을 때 만들 수 있는 것이 '선'이란 말씀이시죠?"

"아주 잘 이해했구나, 또냐야. 오늘은 웬일로 선생님을 곤란하게 만드는 질문을 하지 않나 했더니 선생님 말을 열심히 듣고 있느라고 그랬구나."

만족스러운 표정을 짓고 계신 나점임 선생님의 칭찬에 또냐는 고개를 갸웃거립니다.

"왜 그러니, 이해가 안가는 부분이 있니?"

또냐의 수업 태도에 기분이 좋아지신 선생님은 평소라면 절대 또냐에게 하지 않았을 질문을 하셨네요. 기다렸다는 듯이 또냐가 입을 엽니다.

"네. 사실은요…."

말 끝을 흐리며 또냐는 나점임 선생님의 얼굴을 뚫어져라 쳐다봅니다.

"왜, 왜? 내 얼굴에 뭐라도 묻었니?"

얼굴을 만져보시는 선생님을 보며 또냐가 말했습니다.

"선생님, 그게요. 점은 넓이가 없다고 하셨잖아요. 그런데 아무리 작은 점일지라도 선생님 얼굴에 있는 점들은 다 넓이가 있는데. 그렇다면 그건 점이 아니라 검은 원이라고 해야 올바른 표현 아닌가요? 선생님 얼굴에는 크고 작은 원들이 참 많아요. 이렇게 말이에요."

"그, 그건…."

아이들은 여기저기서 키득거립니다. 나점임 선생님의 얼굴은 금세 빨개졌습니다.

'또냐, 또 너냐? 으….'

오늘도 나점임 선생님의 수학 시간은 아이들에게 유익함과 즐거움을 한가득 안겨주었습니다. ★

-2

기본 도형인 삼각형

보이지 않는 땅끝 어딘가에 '도형 나라'라는 곳이 있었습니다. 이 곳은 세계의 모든 모험가들이 탐을 내며 가보고 싶어 하는 꿈의 섬이라고도 불렸답니다. 실제로 이곳을 가보았다는 사람은 없었지만 아주 먼 옛날부터 내려오는 탐험가의 일기장에서 이 곳에 대한 정보가 발견되었습니다. 덕분에 여행과 모험을 즐기는 탐험가들이라면 누구나 꼭 한번씩 이 '도형 나라'를 찾는 긴 여정을 떠났다가 돌아오곤 하는 풍습이 생겼지요.

탐험가들의 마을에 장난꾸러기로 소문이 자자한 한 소년이 있었습니다. 아무도 상상해낼 수 없는 기상천외한 방법으로 동네 모든 어른들, 친구들 그리고 동생들까지 바보로 만들어버리는 이 소년의 이름은 바로 톰이었습니다. 열일곱 살 생일을 어제 막 넘겨 드디어 모험을 떠날 수 있게 된 톰은 꿈의 섬을 찾기 위해 오랜 세월 동안 애지중지 보관해오던 아버지의 지도를 펼쳤습니다.

"좋아, 드디어 떠날 수 있게 됐어. 아버지도 찾아내지 못했던 그 환상의 섬을 꼭 찾아내고 말거야!"

지도를 바라보며 결심을 굳힌 소년은 커다란 배낭을 메고 부모님께 인사를 드립니다.

"어머니, 아버지. 다녀올게요! 몸 건강히 계세요! 꼭 도형 나라를 찾아내고 돌아오겠습니다."

톰을 기특하게 바라보는 그의 부모님들을 뒤로 하고 톰은 드디어 멋진 여행길에 올랐답니다.

하지만 생각만큼 쉽게 이루어지는 일은 없지요. 장난만 칠 줄 알았던 꼬마신사가 할 수 있는 일이란 볼품없는 식당에서 음식을 나르거나 목청 높여 쓸모없는 잡동사니들을 파는 일뿐이었습니다.

"어휴, 이래서는 언제 돈을 벌어 여행길에 오르지? 배를 살 수 있는 돈을 모으려면 적어도 몇 년은 이렇게 있어야 한다는 건가?"

끔찍하다는 듯이 몸을 부르르 떨며 식당을 쓸던 톰의 빗자루에 구석 어딘가에서 전단지 하나가 딸려 나왔습니다. 그가 가지고 있는 '도형 나라'의 지도와 똑같은 것이 전단지에 그려진 것을 본 톰은 전단지를 쓰레기통에 버리려던 손을 멈추고 유심히 바라보았습니다. 우연히도 전단지에는 **<꿈의 섬을 향하여–선원 모집, 17세 이상>** 이라고 큼지막하게 써있는게 아닙니까?

"세상에, 나만큼 행운아는 없을 거야. 이건 하늘이 주신 기회다!"

빗자루를 팽개치고 선원을 받는 곳으로 간 톰은 당장이라도 선원으로 합류할 수 있다며 우락부락한 팔뚝을 가진 선장에게 부탁해 드디어 내일 출발하는 배에 함께 탑승할 수 있게 되었습니다.

여러 지역에서 몰려든 사람들로 붐비는 새벽 항구에

톰은 커다란 배낭을 메고 선원들을 기다리고 있었습니다. 각양각색의 사람들이 배에 올라탔고, 개중에는 톰처럼 꿈의 섬을 동경해 뱃길에 오른 사람도 많아보였습니다. 다들 거칠고 무서워 보였지만 마음씨가 착한 사람들이었지요. 톰은 다행이라고 생각하며 그가 맡은 청소 일을 열심히 하며 '도형 나라'로 떠났답니다.

지도상에서도 제법 멀어 보이는 도형 나라는 톰의 생각만큼 빨리 도착하지 않았습니다. 출발한 지 벌써 이 주일이나 지났는데도 여전히 바다뿐인 풍경에 갑판 청소를 하는 톰은 한숨을 내쉬었습니다.

"이러다가 일 년 뒤에나 도착하는 것은 아닐까?"

먼 바다를 바라보다 배 안으로 다시 들어가려는데 화창한 날씨임에도 갑자기 커다란 파도가 일렁이기 시작했습니다.

"파도다! 다들 단단히 준비해!"

다급한 선장의 말에 따라 사람들이 분주하게 오가는 동안 갑자기 어디서 왔는지 모르는 먹구름이 배 위에 뜨더니 곧 바다에서 커다란 무언가가 불쑥 올라왔습니다.

"저게 뭐지? 괴물이다!"

소리치는 사람들 위로 오징어 모양의 괴물은 쩌렁쩌렁한 목소리로 모든 이들에게 말했습니다.

"너희들은 도형 나라를 찾아온 사람들인가?"

"그렇소. 우리는 도형 나라를 모험하기 위해서 찾아온 사람들이오."

선장의 말에 거대한 오징어가 호탕하게 웃으며 말했습니다.

"껄껄껄. 아직도 포기를 모르고 찾아오는 얼간이들이 있군. 좋다. 내가 내는 문제에 답을 맞히는 사람은 도형 나라로 들어가는 입구로 가게 될 것이다. 하지만 답을 맞히지 못하면 너희는 모든 기억을 잃고 돌아가게 될 것이다."

거대한 오징어의 말에 당황한 사람들은 과연 어떤 문제를 낼 것인가 자기들끼리 수군대며 불안에 떨었습니다.

"첫 번째 문제다. 모든 것은 도형 나라에서 시작해 도형 나라로 끝날 것이니, 있지만 없는 세 가지는 무엇이냐?"

"무슨 소리야? 있지만 없는 것이라니, 자넨 알겠나?"

영문 모를 오징어의 말에 모두들 어리둥절한 얼굴로

서로를 쳐다보았습니다. 하지만 아무도 답을 말하지는 못하였습니다. 시끄러운 사람들 틈에서 조용한 목소리가 들렸습니다.

"그것은 점과 선, 면이다."

사람들은 모두 목소리가 나는 곳을 돌아보았습니다. 방금 전까지 갑판 청소를 하고 있던 작은 꼬마 톰이 그 자리에 있었습니다. 대답을 들은 오징어가 다시 물었습니다.

"왜 그 세 가지가 있으나 없는 것인가?"

"이 세 가지는 도형을 만드는 기본이 되는 것이다. 점은 위치가 있으나 크기가 없고, 선은 길이는 있으나 폭은 없다. 면 또한 폭은 있으나 부피가 없으니 모두 도형을 이루고는 있으나 없는 세 가지 아닌가?"

톰의 말이 끝나기가 무섭게 배 위에 올라있던 모든 선원들이 일제히 쓰러지기 시작했습니다. 깜짝 놀란 톰이 그들을 부축하려고 하자 오징어가 말했습니다.

"걱정하지 말아라. 그저 기억을 잃었을 뿐이니 안전하게 집에 돌아가게 될 것이다. 그럼 두 번째 문제를 내겠다. 다각형 나라의 가장 기본이 되는 것이 무엇이냐?"

부축하던 사람들을 조용히 내려놓은 뒤 눈을 굴리며 이리저리 생각하던 톰이 입을 열었습니다.

"그것은 삼각형이다."

"왜 그렇게 생각하지? 네가 아까 말한 가장 기본적인 세 가지들도 있을 텐데?"

"그것은 본래 도형을 이루기 위한 기본이지 도형의 기본은 아니다. 점 한 개로는 다른 도형을 만들지 못하지만 점이 두 개 있으면 선을 만들 수 있다. 하지만 선을 다각형이라고 말하긴 어렵다."

그러자 오징어가 말했습니다.

"그렇다면 점 세 개가 있으면 삼각형을 만들 수 있는데 왜 답은 점이 아니지?"

"답이 하나가 아니었다면 그렇게 대답할 수도 있었겠지. 하지만 점뿐만 아니라 선 역시 마찬가지다. 하나와 두 개의 선으로는 다각형을 만들 수 없지만 세 개가 되면 삼각형을 만들 수 있지. 즉, 답이 하나이므로 점과 선 세 개로 만들 수 있는 가장 기본적인 다각형은 삼각형이 되는 것이다."

톰의 대답을 들은 거대한 오징어는 먹구름을 걷어내

며 크게 웃었습니다.

"아주 오랜만에 도형에 대해서 제대로 알고 있는 젊은 친구가 왔군. 마음껏 즐기다 가게. 도형 나라에 잘 오셨네."

물속으로 다시 들어가는 오징어를 바라보며 톰은 정신을 잃었고, 한참 뒤 파도 소리에 잠에서 깨어났습니다.

"여기가 어디지?"

상황 파악을 하려고 주위를 둘러보는 톰의 눈이 휘둥그레졌습니다. 온갖 빛나는 도형들로 이루어진 아름다운 건물과 자연물들이 톰 주위에 가득했기 때문입니다. 톰은 주춤거리며 자리에서 일어나 오색으로 빛나고 있는 길을 따라 걷기 시작했습니다. 그 뒤 톰은 어떻게 됐냐구요? 글쎄요, 톰의 모험담은 이제 한참 후에나 세상 사람들이 알 수 있을 것 같네요. 또 다른 기회가 여러분에게 찾아올지 모르니 도형 공부를 소홀히 하지 마세요! ★

-3 소년 파스칼이 발견한 삼각형 내각의 합

한 수학자가 커다란 삼각형을 앞에 놓고 자신의 서재에서 깊은 고민에 빠져 있었습니다. 이 수학자는 요즘 삼각형의 성질에 관하여 연구를 하고 있었는데, 몇 날 며칠을 고민하면서 연구를 해도 도저히 풀리지 않는 문제가 있었습니다. 그는 책상 위에 턱을 괴고 또 다시 골똘한 생각에 빠졌습니다.

'왜 이 삼각형의 내각의 합이 모두 180°가 되는가?'

그는 오랜 연구 끝에 삼각형의 모든 내각을 더했을 때는 180°가 된다는 것을 알아냈습니다. 이것도 굉장히 큰 발견이긴 했지만, 수학자로서 인정을 받으려면 왜 그것이 180°인지를 증명하는 일이 꼭 필요했지요. 좀처럼 답을 낼 수 없는 명제에 그는 한껏 예민해져 있었습니다.

또로록 , 또로록

어디선가 소리가 들려왔습니다. 문득 고개를 든 수학자는 자신의 옆에서 연필을 굴리고 있는 아들을 바라보았습니다. 그의 아들은 평소에도 아버지가 연구를 하고 있는 서재에 자주 들어와 아버지의 종이에 낙서도 하고, 이해도 가지 않는 수학책들도 열심히 한 장 한 장 넘기며 읽는 놀이를 좋아했습니다. 이날 역시 그의 아들은 서재에서 이것저것을 기웃거리며 자신만의 놀이를 즐기고 있었나 봅니다. 한참을 아버지를 바라보던 아들이 아버지에게 말을 걸었습니다.

"아버지, 아버지는 왜 며칠 동안 이 커다란 삼각형 앞에서 그렇게 심각한 얼굴을 하고 계세요?"

그의 아들이 천진난만한 얼굴로 물었습니다.

"음, 그건 말이다. 얘야, 아버지가 요즘 연구하고 있는 도형이 바로 이 삼각형이기 때문이란다."

삼각형에서 눈을 떼지 않으며 수학자가 아들에게 답해주었습니다.

"삼각형의 무엇을 연구하고 계시는데요?"

평소에도 이렇게 아버지가 하는 일을 궁금해하면서 물어보는 아들 덕에 가끔 설명을 해주다가 답을 알아내는 일이 많았기에 수학자는 아들에게 자신의 연구에 대해 열심히 설명해주었습니다. 물론, 여태껏 그것을 아들이 정확하게 이해한 적은 단 한 번도 없었지요.

"자, 봐라. 이 삼각형이라는 게 아무렇게나 만들어지는 것은 아니란다. 내각의 합이 180°가 되어야 하지. 우리가 알고 있는 모든 삼각형, 그릴 수 있는 모든 삼각형들은 내각의 합이 180°가 된단다."

"우와! 그렇게 대단한 것을 어떻게 알아내셨어요?"

반짝반짝한 존경의 눈빛을 아버지에게 보내며 아들이 물었습니다.

"여러 가지 시행착오가 있었지만, 무수히 많은 삼각형들을 연구해서 얻게 된 결과란다."

"그럼, 고민하던 답을 알아내신 거네요?"

"아니아니, 사실은 그게 문제가 아니란다."

고개를 저으며 수학자는 말을 이었습니다.

"사실은 삼각형의 내각의 합이 180°라는 것은 밝혀졌지만, 이것이 어떻게 그렇게 이루어지는가가 문제란다. 아버지는 이것을 증명할 수 있는 방법을 찾아야 하거든."

"그럼 아버지가 여태껏 알아내신 방법을 모두 보여주고 증명하면 안 되는 일인가요?"

"그렇게 많은 자료들을 보여주는 것은 옳지 않아. 혹시라도 예외가 있을 수가 있거든. 수학의 증명이라는 것은 단 한 치의 예외도 없이 가장 간결하게 표현할 수 있어야 하는 것이란다."

"네. 그렇군요."

여전히 아들은 아버지의 말을 다 이해하지 못한 표정입니다. 수학자는 빙그레 웃으며 아들의 머리를 쓰다듬었습니다.

"괜찮다. 언젠가는 네가 나이를 먹고 수학을 배우다 보면 이러한 것들을 함께 고민할 수 있을 것이다. 자, 이제 아버지는 연구를 마저 해야 하니 밖의 뜰에서 노는 것이 어떠냐? 그 연필은 네가 가지고 놀 수 있게 선물로 주마."

수학자는 아들이 가지고 놀던 연필을 들어 손에 꼭 쥐어주며 말했습니다.

"우와, 정말요? 신난다!"

신이 난 아들은 서재 문 밖을 깡충깡충 뛰어나갔습니다. 귀여운 아들을 보면서 미소를 짓던 수학자는 다시 자신이 고민하던 문제로 돌아가 여러 가지 가설을 세우며 연구를 하기 시작했습니다.

한편 마당에 나온 수학자의 아들은 아버지가 그렸던 것과 똑같은 삼각형을 바닥에 그려놓았습니다.

"으음. 삼각형. 180°."

중얼거리며 옆의 돌에 걸터앉은 소년은 아버지가 주신 연필을 삼각형 위에서 이리저리 굴리며 놀았습니다. 소년에게 있어서 아버지의 모습을 따라하는 것은 세상에서 가장 멋진 일이었기 때문입니다.

별안간 소년이 무릎을 탁 치며 아버지의 서재로 내달렸습니다.

수학톡하자 6-3

"아버지! 아버지!"

큰 소리로 자신을 부르는 것을 알아챈 수학자는 아들에게 무슨 일이 생겼나 하는 걱정에 자리에서 벌떡 일어났습니다.

"아니, 도대체 무슨 일이냐!"

"저, 알아 냈어요! 삼각형의 세 내각의 합이요!"

"뭐, 뭐라고? 뭘 알아냈다고?"

자신의 귀를 의심하는 아버지의 앞에 소년은 열심히 설명하기 시작했습니다.

소년이 발견한 방법은 다음과 같습니다. 아래 삼각형 그림과 같이 연필을 화살표 순서를 따라 이동시키면 6번에 위치한 연필 방향은 항상 처음과 반대 방향이 되어 돌아오게 됩니다.

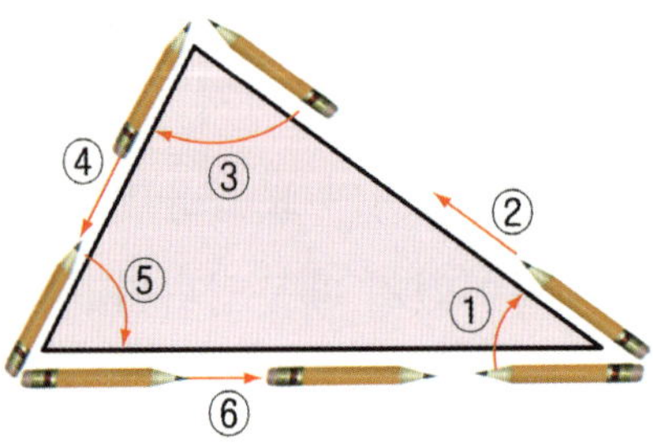

이 방법을 발견해 낸 것이 바로 12살의 소년 파스칼입니다.

그 뒤로 그의 아버지는 연구실에서 아들이 노는 것을 귀찮게 여기거나 방해가 된다는 생각을 하지 않고 여태껏보다도 더 자세하고 이해하기 쉽도록 아들에게 차근차근 수학을 가르쳐주고, 아버지의 연구 또는 다른 문제의 수학에 대해서 서로 의논하기도 했지요. 위대한 수학자 파스칼은 이렇게 탄생하게 되었답니다. ★

- 4

세 변으로 삼각형을 만들어 봅시다

여러분이 열심히 수학공부를 하고 있을 때 문득 귀를 기울이고 있으면 조용한 곳인데도 어떤 소리들이 들리지 않았나요? 아주 작은 소리, 어쩌면 여러분의 귀에는 잘 들리지 않을지도 모르겠습니다만 그 소리들은 바로 우리 눈에는 보이지 않는 수학 난쟁이들이 여러분의 주위에서 움직이고 있는 소리랍니다. 이 난쟁이들은 여러분이 수학 문제를 풀 때 여러분 주위에 나타나 현명하게 문제를 풀 수 있게 도와주는 역할을 하지요. 갑자기 몰랐던 문제들이 생각이 나서 술술 풀린다든지, 아무리 봐도 모르겠는 문제였는데 다음날 다시 보았을 때 알 수 있게 되는 것들은 모두 이런 난장이의 도움 덕분이랍니다. 그러나 반대로 난쟁이들의 세계에는 이런 착하고 고마운 난쟁이들만 있는 것은 아니랍니다. 여러분이 수학 문제를 풀 때 갑자기 아주 무겁게 눈꺼풀이 내려앉게 만드는 난쟁이, 수학이 너무 너무 지겹게 느껴지고 당장 방을 뛰쳐나가고 싶게 만드는 난쟁이들도 있습니다. 아마도 여러분은 두 난쟁이 모두를 만나보았을지도 모르겠습니다. 어떤 친구들은 오직 한 난쟁이만 만나보았을 수도 있겠군요.

여러분들에게 똑똑함을 주는 똑똑 나라의 난쟁이들과 지겨움을 주는 꾸벅 나라 난쟁이들의 분위기가 심상치가 않습니다. 여러 친구들에게 수학을 열심히 풀 수 있도록 분주하게 움직이고 있는 똑똑 나라 난쟁이들이 평소에도 영 맘에 들지 않던 꾸벅 나라 난쟁이들이 똑똑 나라에 전쟁을 선포한 것입니다. 이에 깜짝 놀란 똑똑 나라 난쟁이들은 긴급회의를 하기 시작했습니다.

"어쩜 좋지? 우리는 그저 친구들이 열심히 문제를 풀 수 있도록 도와주고 싶었던 것 뿐인데. 저 못된 심술꾸러기 꾸벅 나라 난쟁이들이 우리를 해칠지도 몰라."

"우리가 모두 다치거나 없어지면 친구들의 공부는 누가 도와주지?"

여기저기에서 시끄럽게 걱정하는 소리가 들려옵니다.

"우리도 이번에 저 못된 난쟁이들을 혼내줘야 할 필요가 있어!!"

"그래, 이렇게 당하고 있을 수만은 없다고!"

반대로 못된 난쟁이들을 혼내주자는 말들도 들려오네요. 많은 이야기들이 들려오는 가운데 똑똑 나라 난쟁이 왕자는 고민에 빠졌습니다.

"왕자님, 이렇게 보고만 있을 수는 없습니다. 우리도 못된 난쟁이들을 혼내주러 갑시다!"

"아닙니다. 왕자님, 우리는 그냥 묵묵히 우리가 해오던 일을 해오면 됩니다. 똑같이 보복한다면 그것은 똑같은 악순환을 낳게 될 것입니다."

"그렇다고 그냥 바보처럼 보고만 있자는 말이오?"

"그렇다고 바보처럼 서로 치고받고 싸울 이유도 없지요!"

"뭐요? 바보? 지금 나더러 바보라고 했소?"

"그 쪽이 먼저 바보라고 말했기에 똑같이 말했을 뿐이요. 이것 보시오. 결국 똑같이 대응하면 이렇게 이유 없이 싸우게 된다니까! 대화로 푸는 방법도 있소!"

신하들이 두 편으로 나뉘어 싸우기 시작했습니다. 이렇게 되다가는 꾸벅나라 난쟁이들이 쳐들어오기도 전에 나라 안에서 싸움이 일어나게 생겼습니다.

"그만들 해요!"

똑똑나라 난쟁이 왕은 신하들을 가로막으며 말했습니다.

"좋소, 결정을 내리겠소. 일단은 우리의 안전을 지키는 것이 최우선입니다. 일단은 나라 경계선으로 어느 곳에서든 나머지 방향이 잘 보일 수 있도록 삼각형 모양의 성벽을 쌓으시오. 그 뒤에 꾸벅나라와 싸우는 것은 다시 생각해보도록 합시다."

현명한 결정을 내린 똑똑 나라 왕자는 신하들에게 성벽을 쌓도록 지시했습니다. 국민들과 신하들 모두가 힘을 합쳐 3cm, 4cm, 6cm의 각 변을 가진 튼튼하고 높은 삼각형 모양의 성벽을 쌓아 올리기 시작했습니다.

한편 전쟁을 준비하고 있던 꾸벅나라는 이러한 똑똑나라의 성벽 제작 소식을 들었습니다.

"흥, 수학공부를 방해하는 일처럼 세상에서 가장 재미있는 일을 매일 못 하게 훼방놓더니, 기어이 성벽까지 쌓아 올리는군."

"그래봤자, 우리가 여러모로 유리한 건 사실이야. 우린 저 허약하고 비실비실한 난쟁이들보단 힘도 센걸!"

"맞아 맞아, 우리가 눈꺼풀 위에 앉기만 하면 그 아무리 힘 센 장사라도 금방 고개를 떨구고 잠이 들지."

"멍청하게 잠든 녀석들의 얼굴이란, 킬킬킬"

가소롭다는 듯이 웃으며 싸울 준비를 하고 있는 꾸벅나라 난쟁이들의 얼굴에 욕심이 가득합니다.

"자, 그럼 우리도 성벽을 쌓아볼까?"

"왕자님 , 똑같이 성벽을 쌓아 올릴까요?"

신하들이 꾸벅 나라 왕자에 묻자, 왕자는 화를 냈습니다.

"무슨 소릴 하는거야! 우리가 저 난쟁이들보다 힘이

훨씬 세다는 것을 보여줘야지! 무조건 저들의 긴 변보다 더 긴 변을 만들어야 해!"

왕자의 주장에 신하들이 모두 고개를 끄덕였습니다.

"역시 우리 왕자님이셔. 멋있다."

꾸벅 나라 역시 똑똑 나라처럼 성벽을 쌓아 올리기 시작했습니다. 다른 점이 있다면 똑똑 나라보다 한 변의 길이가 더 긴 3cm, 4cm, 9cm의 삼각형 모양 성벽을 쌓기 시작했다는 것이지요.

두 나라의 성벽이 모두 완성되어갈 때쯤 꾸벅 나라 왕자에게 신하가 급하게 달려왔습니다.

"왕자님! 왕자님! 큰일 났습니다!"

"무슨 호들갑이야, 한창 중요할 때인데?"

편안하게 수학 방해 공략을 짜고 있던 왕자에게 신하가 다급하게 말했습니다.

"성, 성벽이 완성되지 못했습니다."

"뭐? 성벽이 완성되지 않았다니, 그게 무슨 소리야?"

"그, 그게 성벽이 삼각형 모양이 되지 않아서 똑똑 나라 난쟁이들이 처들어올 수 있도록 빈틈이 생겨버렸습니다."

꾸벅나라 왕자는 당황했습니다.

"그게 무슨 소리야! 우리가 분명 저 멍청한 난쟁이들보다 더 긴 변으로 만들어서 성벽을 쌓았는데! 그렇다면 얼른 다시 성벽을 쌓아서 빈틈을 메워라!"

"그렇게까지 하기에는 시간이 너무…."

신하와 왕자가 대화를 하고 있는 사이에, 밖에서 요란한 함성소리와 함께 똑똑 나라 난쟁이들이 벌써 성 안으로 들어와 있었습니다.

"항복하라! 항복하라!"

우렁찬 똑똑 나라 난쟁이군들의 함성을 들으며 꾸벅나라 왕자는 풀썩, 주저앉으며 중얼거렸습니다.

"도대체 뭐가 문제였던거지?"

여러분은 앞의 두 나라가 만들었던 삼각형 성벽의 차이가 보이나요? 두 삼각형에서 다른 두 변의 길이는 3cm, 4cm로 서로 같은데 가장 긴 변의 길이가 서로 다릅니다. 똑똑 나라 난쟁이들의 성벽은 가장 긴 성벽의 길이가 6cm로 다른 두 변을 합한 길이인 7cm보다 작습니다. 하지만 꾸벅 나라의 경우에는 가장 긴 성벽의 길이가 9cm로 다른 두 변을 합한 길이 7cm보다 크기때문에 꾸벅 나라는 삼각형의 성벽을 완성할 수 없었던 것입니다.

모든 것이 다 크다고 좋은 것만은 아니라는 것을 알 수 있겠죠? 덕분에 꾸벅 나라 난쟁이들을 혼내주는데 성공한 똑똑 나라 난쟁이들은 지금 이 순간에도 수학을 좋아하는 어린이들이 문제를 풀면서 꾸벅꾸벅 조는 것을 지켜주고 있답니다. ★

- 5

완벽한 모양인 이등변 삼각형

척박한 사막 한 가운데 멋진 수채화처럼 그려놓은 듯 아름다운 오아시스가 있었습니다. 마치 천국처럼 평온해 보이는 이곳은 주위가 온통 거친 모래로 둘러싸인 곳 한가운데라고는 믿을 수 없을 정도였지요.

이 아름다운 땅에 세워진 한 나라가 있었습니다. 오아시스의 이름과 걸맞게 이 나라의 이름은 '완벽한 곳'이라는 이름을 본따 '완벽 나라'라고 이름 붙여졌습니다. 그러니 이 나라에 '원'이라는 이름을 가진 완벽하게 아름다운 외모의 공주가 있었던 것도 놀라운 일은 아니었지요. 원 공주는 오늘도 오아시스 속의 호숫가를 산책하며 호수에 비친 자신의 모습을 감탄하고 있네요.

"아, 어쩌면 나는 이렇게나 완벽하게 생겼을까? 그렇지 않니?"

물어보는 듯한 말투는 전혀 아니었지만, 어쨌든 시녀는 공주의 물음에 대답을 해줘야 했습니다.

"네, 맞습니다. 공주님. 공주님보다 이 세상에서 더 완벽한 아름다움을 가지신 분은 없을 거예요."

시녀의 대답을 들은 원 공주는 흡족한 미소를 지으며 다시 한번 호수를 통해 비춰진 자신의 모습을 바라봤습니다.

"정말이지, 이 완벽하고 아름다운 동그란 얼굴. 아마 미의 여신이 자신의 모습을 조각한다면 나와 같은 외모이지 않았을까? 호호호."

시녀들과 함께 즐거운 한때를 보내고 있는 공주에게 멀리서 한 시녀가 뛰어왔습니다.

"공주님, 공주님!"

"아이, 한참 나의 예쁜 얼굴을 실컷 보고 있는데 귀찮게 무슨 일이람."

"오셨어요. 오셨어!"

헉헉대며 숨가쁘게 달려온 시녀가 빨개진 얼굴로 숨을 고르며 공주에게 방문객이 왔음을 알렸습니다.

"오다니, 누가?"

"왕자님이요, 혼담이 또 왔어요."

"흥, 예쁜 건 알아가지고. 정말 귀찮아 죽겠네. 금방 갈게."

콧대 높은 공주는 예쁜 얼굴만큼이나 온 나라에서 유명했습니다. 모든 나라 왕자님들의 소원은 원 공주를 실제로 보는 것이었으니까요. 그러나 이렇다보니 공주의 자신감은 하늘 높은 줄 모르고 매일 치솟았지요. 매번 자신을 보러 몇 달을 걸려 완벽 나라에 찾아온 왕자들을 자신의 기분에 따라 문전박대하곤 했습니다. 그러나 어찌된 일인지 그것이 더욱 왕자들의 호기심을 사게 되어서, 해가 지나면서 왕자들의 방문은 늘어만 갔습니다. 오늘도 역시 공주님을 찾아서 어떤 나라의 왕자가 찾아왔나 봅니다.

"오늘 찾아오신 왕자님은 이등변 삼각형 나라의 이등 왕자님이십니다."

왕자를 따라온 시종의 겸손한 소개에도 아랑곳하지 않고 원 공주는 들은 채 만 채 거울만 보고 있었습니다. 곧, 이등 왕자가 공주를 만나러 들어왔습니다.

"반갑습니다, 공주님. 저는 이등 왕자라고 합니다."

"… 저는 원 공주예요."

잠시 거울에서 눈을 떼 이등 왕자를 보던 원 공주는 인상을 찌푸리고는 테이블 위의 찻잔만 바라보았습니다. 아마도 마음에 들지 않는다는 뜻이겠지요.

두 사람은 잠깐동안 이야기를 나누었습니다. 그러나 역시 예상대로 원 공주는 이등 왕자를 남편감으로 생각하지는 않았습니다. 궁금해진 원 공주의 아버지 완벽왕은 공주에게 물었습니다.

"어떠냐? 공주야. 이번에 온 왕자는 네 신랑감으로 괜찮은 사람이더냐?"

"아버지, 무슨 말씀을 그렇게 하세요. 제가 어떻게 저런 사람과 결혼을 해요. 너무나 우스꽝스럽게 뾰족한 외모를 가지고 있는 사람이 지금 저와 어울린다는 말씀이세요?"

방을 나간 왕자의 외모만큼이나 뾰족한 목소리로 아버지에게 말하는 원 공주의 원망에 왕은 멋쩍은 미소를 지으며 공주를 달랬습니다.

"그래 그래, 내 예쁜 공주님. 네 신랑이 되기에는 외모가 너무 우스꽝스럽긴 했지. 너처럼 그려놓은 듯이 아름다운 사람이 아니면 이 아버지도 싫단다."

매몰차게 이등 왕자의 혼담을 거절한 공주였지만 이등 왕자는 완벽 나라를 떠나가면서 예의바르게 인사를 전했습니다.

"그럼, 원 공주님. 오래도록 아름답고 건강하시길."

돌아서는 이등 왕자의 모습을 제대로 보지도 않은 채 공주는 또 다시 호숫가로 자신의 외모를 보기 위해 등을 돌렸습니다.

이등 왕자가 완벽 나라를 나와 다시 모래사막을 걷고 있을 때, 갑자기 가까운 근처에서 모래바람이 불더니 점점 바람이 커지면서 커다란 소용돌이를 만드는 것이 보였습니다. 잘못 휩쓸렸다가는 그대로 공중에서 목숨을 잃을 수도 있을 만큼 위험해 보이는 소용돌이였지요. 그런데 공교롭게도 이 모래바람이 왕자가 방금 떠나온 완벽 나라를 향해 돌진하고 있었습니다. 왕자는 바쁘게 다시 완벽 나라로 발걸음을 돌렸습니다.

한편 호숫가에 다시 나와 앉은 공주는 멀리서 무언가가 커다란 소리와 함께 다가오고 있음을 느꼈습니다.

"어머나, 저게 뭐야? 꺅!"

일어나서 자세히 보려던 공주는 완벽 나라를 한차례 휩쓸고 지나온 모래 소용돌이에 그만 휩쓸리고 말았습니다. 소리를 지르던 공주는 입에 모래가 들어갔는지 소리도 지르지 못한 채 바람결을 따라 뱅글뱅글 돌고만 있었습니다. 그런데 그때

"공주님!"

하며 쏜살같이 바람을 헤치고 들어오는 한 사람이 있었으니, 바로 이등 왕자였습니다. 날카롭게 소용돌이 속을 헤치고 들어와 원 공주를 품에 안고 왕자는 다시 밖으로 나왔습니다. 그야말로 아수라장이었지요. 가까스로 목숨을 건진 원 공주는 눈을 뜬 뒤 기침을 하며 모래를 토해냈습니다. 그리곤 반짝이는 눈으로 이등 왕자를

쳐다보며 말했습니다.

"아, 그 거친 소용돌이 속을 망설임도 없이 날카롭게 뚫는 당신, 저보다 더 완벽하신 분이 바로 여기 계셨군요!"

공주의 신뢰 가득한 눈빛 속에는 벌써 이등 왕자에 대한 사랑의 마음이 담겨 있었답니다.

이등변 삼각형은 양쪽의 모양이 똑같기 때문에 완벽한 균형을 이룹니다. 이러한 성질은 인간의 오랜 경험을 통해 잘 알려져 있었지요. 그 예로, 이 모양은 화살에 쓰이는 화살촉에서도 이용되었는데 화살촉은 날끝이 예리하고 뾰족한 부분이 공기의 저항을 줄여 주고, 이등변 삼각형은 양쪽 모양이 똑같기 때문에 완벽한 균형을 이루며 똑바로 날아갈 수 있도록 합니다. 여러분이 날리는 종이비행기의 모양이 이등변 삼각형 모양을 이루고 있는 것도 같은 이유이지요. 이등 왕자가 원 공주를 살리기 위해 모래 소용돌이를 무사히 뚫고 지나갈 수 있었던 것도 다 이런 이유가 있었기 때문이랍니다.

그 뒤 왕자와 공주는 어떻게 되었을까요? 여러분의 상상에 맡기겠습니다. ★

- 6

직각 삼각형

오늘도 재미있는 수학 시간이 돌아왔습니다. 아차 선생님은 학생들에게 오늘도 재미있는 수학 이야기를 들려주시기 위해 교단에 서계십니다.

"여러분, 여러분은 직각 삼각형에 대해서 얼마나 알고 있나요? 자, 알고 있는 대로 말해볼 사람?"

"저요!"

반장인 경화가 손을 들었습니다.

"그래, 경화가 한번 말해볼까?"

"직각 삼각형은 세 변으로 이루어진 삼각형이고, 한 각이 직각인 삼각형을 말합니다."

똑똑한 반장은 또박또박한 목소리로 직각 삼각형에 대해서 자신있게 이야기했습니다. 경화의 대답에 아차 선생님은 매우 흡족해지신 표정입니다.

"잘했다. 자, 그럼 또 다른 걸 말해볼 사람?"

주위를 둘러보시는 선생님의 물음에 모두들 찬물을 끼얹은 듯이 조용해졌습니다. 그럴 줄 알았다는 듯이 고개를 끄덕인 선생님이 말하셨습니다.

"앞에서 반장이 말했듯이, 우리는 아주 쉽게 직각 삼각형의 이름으로부터 이 녀석의 성질을 알아낼 수 있지. 한 각의 크기가 90도°인, 즉 직각인 삼각형을 말한다는 것을 말이야. 하지만 이것말고도 직각 삼각형에는 또 다른 성질이 있단다."

궁금한 표정으로 조용하게 선생님의 말씀을 경청하는 학생들을 보면서 선생님은 칠판에 〈피타고라스〉라고 큰 글씨를 적었습니다.

“방금 선생님이 말한 직각 삼각형의 다른 성질을 처음 발견한 사람 이름이 바로 이 피타고라스라는 수학자란다. 이 수학자에 대해 알고 있는 친구들이 있니?”

역시나 교실은 조용합니다.

“외우기도 너무 어려운 이름인걸요, ‘피타고라스’ 케이크이름 같아요.”

한 친구가 말했습니다.

“하하하, 그래. 우리나라 이름이 아니니까 생소할 수 있어. 그러나 수학에 대해서 관심이 있고 수학 이야기를 좋아하는 친구들이라면 분명 한 번쯤은 들어봤을 법한 이름일거야. 물론 이 사람이 어떤 업적을 이루었는지는 둘째치고서라도 말이야.”

“되게 유명한 사람이었나요?”

또 다시 반장 경화가 손을 들고 질문을 했습니다.

“물론이란다. 수학자라면 몰라서는 안 되는 이름이기도 하지. 자, 이제부터 내가 해줄 이야기는 이 피타고라스라는 수학자의 발견에 관한 이야기란다.”

모두들 반짝이는 눈으로 선생님의 입을 바라보았습니다. 아차 선생님은 흠, 하고 목을 가다듬으시곤 아이들을 보며 말을 이으셨습니다.

"피타고라스는 예전부터 아주 유명한 수학자였단다. 그런데 이런 그도 가끔씩은 수학이 지겨울 때가 있었지. 수많은 수학의 증명과 산더미처럼 쌓여가는 수학적 의문들. 여러분들과 똑같이 수학에 덜컥 겁을 먹은 것일지도 몰라. 그래서 그는 잠시 쉬어가는 의미로 훌쩍 여행을 떠나기로 마음먹었단다. 만약 이렇게 몸도 마음도 지친 상태에서 여행을 떠난다면 너희들은 어디로 떠나고 싶니?"

선생님의 물음에 제각각의 도시 이름들을 학생들이 부릅니다.

"스위스요!"

"프랑스요!"

"파리요!"

"멍청아, 파리가 프랑스에 있는 거잖아!"

귀여운 대답에 한바탕 함께 웃은 학생들은 "그는 어디로 떠났나요?" 하고 물었습니다. 아직도 입가에 미소가 남아 있는 선생님이 대답했습니다.

"피타고라스가 간 곳은 바로 이집트였단다. '이집트'

하면 여러분은 가장 먼저 피라미드를 떠올리겠지만 그 당시 그가 향한 곳은 신전이었지. 신전에 대해서는 알고 있겠지만 그 곳은 신께 기도를 드리는 곳이란다. 그리고 그가 무엇을 했을지는 모두 짐작이 가지?"

"기도를 했나요?"

"그렇지. 그는 신전 한쪽에 앉아서 고개를 푹 숙인 채 모든 것을 잊어버리려고 왔으니 결코 떠나지 않는, 아직도 그의 머릿속을 지배하는 수학의 고민 때문에 괴로워했지. 그리고 기도를 했어. '신이여, 어찌 저를 단 한 시도 이러한 고통으로부터 해방시켜 주시지 않는 것입니까?'라고 말야. 그런데 그때, 고개 숙여 엄숙하게 기도하던 그의 눈에 무엇인가가 들어온거야."

한 친구가 자신있는 목소리로 말했습니다.

"개미요?"

"하하하, 나도 그랬으면 좋겠지만, 개미는 아니란다. 피타고라스가 본 것은 바로 그 신전의 바닥에 깔려있었던 타일이지. 그리고 그것을 한참 들여다본 그는 결국 오래도록 고민해오던 수학 문제를 풀 수 있었단다."

아이들의 눈이 모두 동그래졌습니다. 아무래도 타일

을 보면서 수학을 푼다는 것이 이상한 일이라고 생각했기 때문이었겠지요.

"어떻게 알게 되었나요?"

반장이 다시 한번 손을 들고 질문합니다. 경화의 질문에 선생님은 피타고라스의 이름을 지우고 다시 칠판에 타일 모양을 그렸습니다.

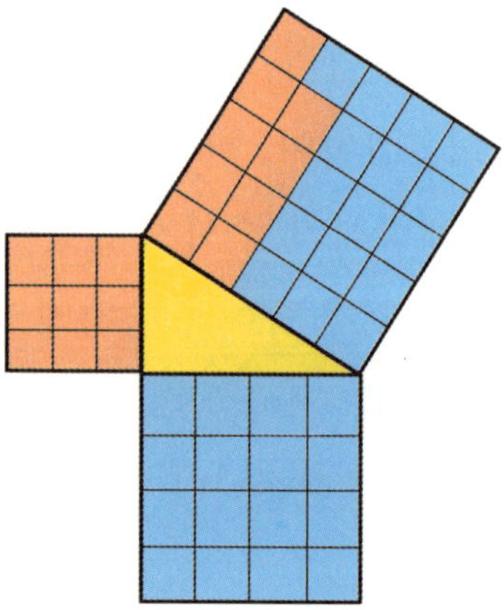

"자, 모두들 잘 보렴. 이런 그림을 통해 피타고라스는 직각 삼각형의 또 다른 성질을 발견해낸 것이란다."

그림을 그리고 아차 선생님은 열심히 아이들에게 설명해주었습니다.

"우와, 신기하다. 어떻게 저런 걸 알아내지? 타일을 봤을 뿐인데…."

신기하다는 아이들의 웅성거림에 선생님께서는 교탁을 탕, 내리치고 말씀하셨습니다.

"자, 설명한 것처럼 빗변의 길이를 제곱한 값이 나머지 두 변의 길이를 각각 제곱하여 더한 값과 같다는 이 사실은 모든 직각삼각형에서 성립한다. 이것을 피타고라스가 처음 발견해 냈다고 해서 '피타고라스의 정리'라고 부르지. 수학자는 이렇게 그냥 지나칠 수 있는 작은 생활의 힌트라도 놓치지 않고 발견해내고, 그것을 끊임없이 연구할 줄 아는 마음가짐을 가져야 한단다."

힘 있게 설명하시는 선생님의 말에 반장 경화가 다시 조용히 손을 듭니다.

"그래, 경화 말해보거라."

"선생님 말씀대로라면…. 선생님은 수학자가 아니시네요?"

"음, 그게 무슨 말이냐? 내가 수학자가 아니라니?"

"왜냐하면 선생님이 지금 입고 계신 티셔츠의 문양이 바로 선생님이 칠판에 그리신 저 모양하고 똑같거든요." ★

홍쌤의 수학톡하자 - 사각형

홍쌤의 수학톡하자

- 1

단순 폐곡선과 다각형

햇살도 좋은 날 커다란 운동장에 수많은 인파가 몰렸습니다. 바로 오늘은 노을이와 미래가 그토록 고대하던 '어린이 수학 퀴즈왕전'이 열리는 날이거든요. 이른 시간부터 어떻게 알았는지 많은 사람들이 노을이와 미래의 학교 근처에 몰려 있습니다. '어린이 수학 퀴즈왕'이라고 쓰여 있는 노란색 모자를 쓴 많은 학생들이 퀴즈에 도전하기 위해 운동장에 삼삼오오 모여들기 시작합니다. 드디어 퀴즈왕전이 시작되었습니다. 사회자 선생님이 나오셔서 마이크를 통해 말씀을 하시네요.

"반갑습니다. 여러분! 일 년에 단 한번 우리 학교에서 열리는 어린이 수학 퀴즈왕전이 시작되었습니다. 올해에도 많은 친구들이 와주었군요. 환영합니다."

짝짝짝 박수치는 소리로 운동장이 가득 찹니다. 기쁘게 박수를 치고 있기는 하지만 모두의 얼굴에는 초조함이 보입니다. 친구들의 모습을 보던 사회자 선생님이 드디어 문제를 낼 차례입니다.

"노을아, 우리 열심히 해보자."

"그래, 미래야. 우리 꼭 1등 하자. 같이!"

서로에게 응원을 해준 두 친구들 역시 긴장한 얼굴이네요. 1번 문제가 시작되었습니다.

"자, 가볍게 1번 문제 시작하겠습니다. 다음 문장을 듣고 네모에 들어갈 말을 써주시면 됩니다. 〈수학에서 □□는 연속적인 점들의 집합으로, 어떤 공간 안에 존재하는 1차원적인 도형을 의미한다.〉

자, 여기서 □□에 들어갈 말은 무엇일까요?"

모두들 고개를 갸우뚱하며 답지에 답을 적어내려갑니다. 학생들이 정답을 기다리고 있습니다.

"정답은 〈곡선〉입니다."

사회자의 말에 안타까운 표정을 지은 여러 명의 어린이들이 탈락하여 운동장을 떠나갑니다.

"이 쯤이야, 뭐."

노을이와 미래는 가벼운 얼굴로 아직 자리에 남아있습니다. 두 친구의 얼굴에는 처음에는 없던 자신감이 생겼습니다.

"자, 떨어진 친구들은 안됐지만 내년을 기약해주시고, 계속해서 2번 문제 나갑니다. 다음 중 수학적 의미의 곡선이 아닌 것을 모두 고르시오. 〈직선, 선분, 원, 점선, 포물선〉"

주위가 술렁입니다. 역시 답을 아는 친구들은 그렇게 많지 않은가 봅니다. 그렇다면 노을이와 미래 친구는 어떨까요? 역시 아직까지는 자신만만한 표정이네요.

"답은 점선입니다."

여기저기서 불만 섞인 목소리가 들립니다.

"뭐야, 왜 직선이 곡선이야? 말도 안돼!"

"바보들. 1번 문제는 어떻게 맞힌 거야? 분명 수학적 의미에서 곡선은 연속적인 점들의 집합이라고 했는데.

점이 일렬로 연속해서 있으면 그게 직선이고, 곧 곡선이지 뭐야."

정답을 맞춘 노을이가 고개를 절래절래 흔듭니다. 미래도 "그래 맞아." 하며 노을이의 말에 동조하는 것을 보면 두 친구 모두 다 정답을 맞힌 것 같군요. 계속해서 다음 문제가 출제됩니다. 아까보다 더 많은 친구들이 운동장을 떠났습니다.

"자, 3번 문제입니다. 다음의 그림을 봐주세요. 그림

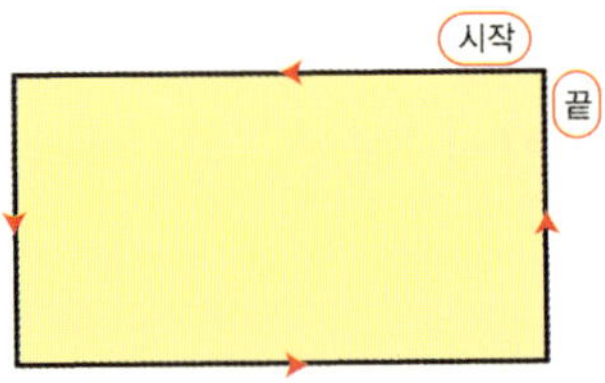

들은 한 점에서 출발하여 처음 시작한 점으로 돌아와 끝이 납니다. 이러한 선들을 닫혀있다는 의미에서 □□□라고 합니다. 자, □□□에 들어갈 말은 무엇일까요?"

이번 것은 조금 어려운 질문이었을까요? 인상을 찌푸린 친구들이 하얀 종이만 낸 채 벌써 운동장을 떠나가기도 하네요.

"답은 폐곡선입니다."

사회자의 말이 끝나기 무섭게 우르르 어린이들이 떠납니다. 그 중에는 미래와 친한 친구인 윤정이도 있었

네요. 윤정이가 떠나면서 미래에게 묻습니다.

"미래야, 넌 이 답을 어떻게 알았니?"

"우리가 닫혀 있는 공간이나 쓰지 않아서 막힌 문을 보고 폐쇄되었다거나 폐문이라고 하잖아. 그것과 마찬가지로 곡선이 시작돼서 다시 끝나는 점으로 돌아오면 안이 막혀 있는 저런 도형들이 만들어지잖아? 그래서 폐곡선이라고 하는 거야."

조리있게 윤정이에게 설명해주는 미래를 보며 윤정이는 힘내! 라는 말과 함께 운동장을 떠나갑니다. 이제 몇 문제 안남았네요.

"4번 문제입니다."

처음에는 시끄러워 잘 들리지 않았던 사회자의 말이 이제는 거의 텅 비어버린 운동장에서 메아리칩니다. 노을이와 미래를 제외하곤 이제 몇 명 남지 않았네요. 사회자가 계속 문제를 말합니다.

"아까 보여준 저 그림들을 보면 자신이 한번 지나갔던 점을 다시 지나가게 되는 도형이 있는가 하면 그렇지 않은 도형들도 보입니다. 이렇게 자신이 지나갔던 점을 다시 지나가지 않는 폐곡선을 무엇이라고 부를까요?"

처음 문제보다 훨씬 어려워진 것 같습니다. 노을이와 미래도 이번에는 조금 고민하는 표정입니다. 그리고 서로의 답을 공개했습니다. 이런, 두 친구의 답이 서로 다르네요. 노을이 친구의 답은 '단순 폐곡선'인데 미래의 답은 '단일 폐곡선'입니다. 어떤 답이 맞을까요? 남아있는 친구들 역시 의견이 분분하게 갈렸습니다.

"답은…. 자, 침 넘어가는 소리가 여기까지 들리는 것 같네요. 답은 단순 폐곡선, 혹은 단일 폐곡선입니다."

사회자의 말에 초조해 하던 두 친구의 얼굴에 미소가 가득합니다. 두 사람의 답이 달라서 불안했던 마음이 조금 안심이 되었나 봅니다. 이제 마지막 문제만을 남겨놓고 있습니다. 이 문제만 맞히면 어린이 퀴즈왕이 되는 것이 눈앞에 있네요!

"마지막 문제입니다. 이번에는 두 개의 네모가 나옵니다. 두 개의 답을 각각 적어주시면 됩니다. 〈단순 폐곡선 중에서도 위 그림의 몇 가지 경우처럼 선분으로만 이루어진 도형이 있습니다. 우리는 이러한 도형을 □□□□□ 라고 하며 이를 줄여서 □□□이라고 부릅니다.〉 두 답을 모두 적어주세요."

하나만 맞추기도 벅찬데 마지막 문제는 답을 두 개나 적어야 합니다. 하나라도 틀리면 퀴즈왕은 될 수 없는 것이죠. 친구들은 어떻게 답을 썼을까요? 먼저 노을이는 '다각형곡선, 다각형'이라고 썼습니다. 미래의 답은 어떨까요? 미래의 답은 '단순곡선, 단곡선형'이네요. 자, 과연 누구의 답이 맞았을까요? 긴장감 속에 사회자 선생님의 목소리가 길게 울려퍼집니다.

"답은 다각형 곡선, 다각형입니다. 노을 학생 축하해요!"

드디어 영광의 퀴즈왕이 탄생하는 순간입니다. 노을이 혼자서 이 영광을 독차지했네요. 트로피를 받은 후 어느새 시간이 제법 흘렀습니다. 기뻐하는 노을이 곁으로 미래가 와서 말을 겁니다.

"올해는 내가 졌지만 내년에는 더 열심히 공부해서 꼭 널 이기겠어. 오늘 수고했어."

악수를 청하는 미래의 손을 잡으며 노을이가 개구쟁이처럼 웃으며 말합니다.

"그래, 내년에는 꼭 우리 함께 퀴즈왕이 되자."

결코 지겠다는 말은 하지 않네요. 선의의 경쟁을 한 두 친구들의 등 뒤로 예쁜 노을이 뉘엿뉘엿 지고 있습니다. ★

✌️🖐 - 2

삼각형과 사각형의 차이

이름만 들어도 모두 와! 할 만큼 좋은 회사인 다각형 회사의 면접시험날 삼각형 씨와 사각형 씨가 면접볼 준비를 하고 있었습니다. 깔끔하게 차려 입은 두 청년은 목을 가다듬으며 자신을 소개할 말들을 다시 한번 점검하고, 대기실에서 자신의 순서를 기다리고 있었습니다. 서로 대기실에서 기다리는 동안 삼각형 씨와 사각형 씨는 간단한 대화를 나누었습니다. 고향이나 이 회사에 어떻게 오게 되었는지 등의 소소한 이야기들이었지만 긴장을 푸는 방법에는 수다만큼 좋은 약이 없었지요.

면접은 두 사람씩 짝을 지어 보게 되어 있는데, 삼각형 씨와 사각형 씨가 한 조가 되었습니다. 두 사람이 함께 면접실에 들어가게 되겠네요. 드디어 차례가 돌아오고, 두 사람의 이름이 불리자 뻣뻣한 걸음걸이로 두 사람이 함께 면접실로 들어갔습니다. 방 안에는 커다란 책상에 몇접관 몇 명이 앉아 있었습니다.

"삼각형 씨?"

면접관이 먼저 삼각형 씨를 불렀습니다.

"네, 접니다."

손을 들어 자신임을 밝힌 삼각형 씨의 손이 약간 떨리는 듯 흔들렸습니다.

"그럼 이 쪽이 사각형 씨군요?"

남은 사각형 씨를 보며 질문을 하는 면접관에게 우렁찬 목소리로 사각형 씨가 대답했습니다.

"네, 그렇습니다. 제가 사각형입니다."

목소리가 매우 큰 사각형 씨의 대답에 면접관과 삼각형 씨 모두 깜짝 놀랐지만 곧 긴장된 분위기가 조금 풀리는 듯했습니다.

"하하하, 사내대장부처럼 아주 우렁차시네요. 자, 두 분 모두 자리에 앉아주세요."

면접관의 지시에 따라 자리에 앉은 두 사람은 침을 삼키며 그들이 자신에게 어떤 질문을 할까 머릿속으로 온갖 생각들을 하기 시작했습니다.

'아. 저 삼각형 씨한테 물었던 대답을 똑같이 물어보면 나는 뭐라고 대답해야 하지? 똑같이 대답해? 아님 아예 다르게 대답해서 특별한 인상을 심어줄까?'

눈을 깜빡이며 사각형 씨가 이렇게 고민하는 사이 삼각형 씨는 조금 다른 고민에 빠져 있습니다.

'사각형 씨 목소리가 또렷하니 커서 박력있어 보이는데 나도 지금부터 사각형 씨 만큼 큰 목소리로 대답을 해야하나 아니면 또박또박 조용히 이야기하는 편이 더 좋은 인상을 심어줄까?'

각자의 생각이 떠도는 가운데 면접관이 질문을 시작했습니다.

"일단 대기실에서 두 분 모두 인사는 나누셨을 거고, 그럼 사각형 씨 먼저 다른 응시자와 비교하여 자신의 장점을 설명해보세요."

잠시 정적이 흘렀습니다. 몇 마디 해본 사이도 아닌데 서로를 비교하라니 조금 까다로운 질문이긴 했지만, 패기 넘치는 사각형 씨는 잠시 숨을 고른 뒤 자신의 장점을 소개하기 시작했습니다.

"일단 저 사각형은 삼각형에서 변의 개수를 하나 더 늘린 것뿐이지만 사실 엄청난 차이가 있습니다."

'궁금증을 유발하는 첫 마디를 던져라.'라는 철칙에 맞게 사각형 씨는 멋진 한 마디로 소개를 시작했네요.

"호오, 그 엄청난 차이란 무엇입니까?"

그의 예상대로 면접관들은 궁금한 표정으로 그의 다음 말을 기다리는 눈치였습니다.

"총 두 가지의 다른 점이 있습니다. 우선 첫째, 삼각형은 세 변의 길이를 정하면 하나의 삼각형으로 고정되어 움직이지 않습니다."

"그렇죠. 그것은 삼각형이 그렇게 생겼기 때문이지요."

면접관이 고개를 끄덕입니다.

"네. 하지만 사각형은 네 변의 길이가 정해져도 모양이 여러 가지로 바뀔 수 있습니다."

"그 사실을 통해서 소개하고 싶은 자신의 장점이 무엇이지요?"

"즉, 사각형은 삼각형과는 다르게 어떤 상황이 닥쳐도 적응능력이 뛰어나다는 장점을 가지고 있다고 볼 수 있습니다."

안경을 치켜올리며 면접관이 다시 질문을 했습니다.

"흥미롭군요. 그럼 나머지 두 번째 장점은 무엇이지요?"

"둘째, 삼각형에는 오목한 것이 없으나 사각형에는 오목한 형태가 있습니다. 즉 삼각형은 '볼록 삼각형'뿐이지만, 사각형에는 '볼록 사각형'과 '오목 사각형'이 모두 있는 것입니다."

"그 두 가지가 있고 없고의 차이가 무엇인가요?"

"바로 저 사각형은 한 가지가 아닌 두 가지 모두 가능한 융통성 있는 사람이다, 하는 장점을 말씀드리고 싶었습니다. 이상입니다."

종이에 몇 가지 체크를 한 면접관은 이번엔 삼각형 씨에게 질문했습니다.

"자, 똑같은 방식으로 자신의 장점을 설명해주세요.

삼각형 씨."

"네. 면접관 님은 이런 말을 알고 계십니까 ? '선분으로 둘러싸인 면은 모두 삼각형으로 분해할 수 있다. 따라서 삼각형은 평면도형의 기본이다.'"

한 면접관이 웃으며 물어보았습니다.

"물론, 다각형 회사의 직원이라면 모르면 안 되는 말이지요."

"맞습니다. 철학자 플라톤이 한 말입니다. 위의 말에 따르면 사각형 역시 삼각형으로 분해할 수 있습니다. 그러나 삼각형을 분해할 수 있는 다각형은 그 어디에도 없습니다. 기본 중의 기본이 되는 도형이기 때문입니다."

"그렇기 때문에 자신의 장점은 생각하십니까?"

면접관의 질문에 삼각형 씨는 또박또박 말했습니다.

"바로 원칙을 중시하고, 설사 어떤 시련이 오더라도 흔들림 없이 견뎌낼 수 있는 강건함을 지닌 기본을 가지고 있다는 장점이 있습니다."

면접이 끝난 뒤 대기실에 돌아온 두 친구는 결과를 기다리는 동안 서로에게 악수를 청했습니다. 비록 과

제이기는 했지만 상대방을 자신과 비교하여 장점을 말하는 부분에 있어서 미안함을 가지고 있었기 때문이었습니다.

"이거 정말 미안합니다."

"아니요, 저야말로 죄송합니다. 결과가 어찌되었든 우리 열심히 삽시다."

웃으며 서로의 손을 맞잡은 두 사람의 손에 면접 때 너무 꼭 쥐어 생긴 아직 식지 않은 땀이 괴여 있었습니다.

잠시 후 결과발표가 이루어졌습니다. 삼각형 씨와 사각형씨는 다시 한번 면접을 보았던 장소로 불려갔습니다. 그곳에는 아까와 똑같은 면접관들이 자리하고 있었습니다. 가장 나이가 많아 보이는 면접관이 입을 열었습니다.

"우리가 필요한 사람은 일을 열심히 끌고 나가며 자신의 소신대로 끝까지 밀고 나갈 수 있는 강건함을 가진 사람입니다. 그러나 그러한 원칙만 고집하다 보면 분명 어느 순간 문제가 생길 수도 있습니다. 따라서 역시 융통성 있는 사람이 필요하다고 판단됩니다. 원래대로라면 한 사람을 뽑아야 하는 것이 원칙이나, 회사의 원칙

자체가 '회사를 사랑하며 인격적 소양을 갖춘 직원을 기본으로 두어야 한다.'이기 때문에 우리는 대기실에서의 두 사람 모습을 지켜본 결과로 답을 냈습니다. 두 사람이라면 서로를 격려해주며 서로를 좋은 동료로 삼아 우리 회사에 큰 도움을 주겠다는 결정입니다. 각 대기실을 살펴본 결과 면접을 본 두 사람은 삼각형 씨와 사각형 씨를 제외하곤 모두 말도 하지 않은 채 등을 돌리고 있었습니다. 입사를 축하합니다."

면접관의 긴 연설이 끝나고 삼각형 씨와 사각형 씨는 다시 한번 서로의 손을 맞잡고 서로를 축하해주며 기뻐했습니다.

여러분, 아무리 자신이 장점을 많이 가지고 있어 그것을 뽐내는 것이 요즘 시대에서는 중요한 일이긴 하지만, 다른 사람을 배려하고 정의롭게 원칙을 지키는 일이야말로 가장 중요하다는 사실을 잊지 마세요. ★

✌🖐 - 3

사다리꼴 이야기

신중이와 대충이 두 친구가 있었습니다. 두 친구는 어려서부터 절친한 친구였지요. 대충이는 어렸을 때부터 늘 요령이 좋았습니다. 자리에 오래 앉아서 꼼꼼하고 열심히 공부하는 신중이와는 달리 대충이는 요령 있게 공부해서 신중이와 똑같이 높은 성적을 얻곤 했습니다. 그런 대충이를 보고 반 아이들은 '천재'라든가 '부럽다'와 같은 말로 늘 대충이를 으쓱하게 했답니다. 이런 이야기를 많이 듣다보니 대충이는 정말로 자신이 천재라고 생각하게 되었습니다. 똑똑한 자신과 매일같이 열심히 공부하는데도 자기와 비슷한 성적을 올리는 신중이는 비교가 안 된다며 늘 콧방귀를 뀌었지요. 그러나 이렇게 대충이가 자신과 비교를 하며 자신을 무시하는 때에도 신중이는 묵묵히 자신의 공부를 해나갔습니다.

어느새 시간이 흘러 청년이 된 두 사람은 좋은 성적을 가진 덕에 각각 좋은 회사에 들어갔습니다. 그런데 우연처럼 두 친구가 들어간 A회사와 B회사 모두 사다리를 만드는 회사였습니다. 신중이는 여태껏 자신이 해왔던 것과 같이 열심히 일해서 사장 자리에 오를 수 있었습니다. 그 과정에는 수많은 시련이 있었지만 묵묵히 헤쳐 온 신중이는 사장이 되었을 때 모든 사람들의 신임을 얻을 수 있었습니다. 반면 신중이보다 요령이 좋은 대충이는 자신의 특기인 요령을 이용하여 신중이보다 더 일찍 사장 자리에 오를 수 있었습니다. 물론 대충이의 사장 자질에 대한 논란이 여러 번 일었지만, 그때마다 대충이는 특기의 요령을 통해 잘 헤쳐나가곤 했습니다.

더 오랜 시간이 지났습니다. 두 사람 모두 이제는 어

엿한 회사의 경영자로서 사장자리에 올랐고, 처음보다는 제법 안정적으로 회사를 운영해가고 있었습니다. 점차 가족 중심의 사회가 되면서 현대인들의 가장 큰 관심은 '아이 키우기'에 집중되었고, 때마침 나무 위에 아이들의 놀이 공간을 만들어주는 것이 유행을 맞아 너도나도 할 것 없이 자신들의 정원에 나무 집을 짓기 시작했습니다. 덕분에 사다리 회사들이 날개 돋힌 듯 사다리를 팔았지요. 대량으로 공장을 가지고 사다리를 만들 수 있는 회사는 A와 B회사 외에는 없었기 때문에 두 회사는 많은 주문량을 감당하기 위해 밤샘작업에 들어갔습니다. 이 곳에서 두 친구들의 성격이 차이를 보이게 됩니다. 신중이는 밤샘 작업이 시작되기 전 모든 직원들을 불러 말했습니다.

"저는 오늘부터 회사에 남아, 사다리가 만들어지는 대로 하나 하나 모양을 검토할 것입니다. 그래야 빨리 공장에서 판매처로 옮길 수 있으니까요. 그러려면 하는 수 없이 밤을 새게 되는 일도 있게 될 겁니다. 여러분께 저는 이것을 강요하지는 않겠습니다. 다만 저와 함께 회사에서 밤샘 작업을 해주시는 분들에게는 섭섭지 않게 그만큼의 보수를 해드릴 것입니다."

사장의 말을 들은 직원들의 표정은 그리 좋지만은 않았습니다. 세상에 어느 누가 밤을 꼴딱 새워 일을 하는 것을 좋아할 수 있을까요. 몇몇의 직원들만을 남겨둔 채 사람들은 모두 제 시간에 퇴근을 하였습니다.

일손이 부족한 만큼 신중 사장은 더 열심히 뛰어야 했습니다. 때로는 공장 직원들이 하는 작업을 자신이 직접 하기도 하고, 씻는 둥 마는 둥 잠도 제대로 못자고 일하는 사장의 모습을 보며 직원들은 감동을 받았습니다.

"괜히 미안해지네. 다른 회사보다 월급도 많이 주시는데 우리 사장님."

"그러게 말야, 저렇게 공장직원처럼 밤낮으로 뛰는데 가방 들고 집에 가겠다고 하기 왠지 미안하지 않아요?"

"그보다 사장님 건강이 걱정이야. 저러다 쓰러지면 우리 모두 실직자 되는 거 아냐?"

사장의 모습에 건강과 회사를 걱정하기 시작한 직원들은 하나 둘 늦은 밤샘 작업에 참여하기 시작했습니다.

"사장님도 저렇게 열심히 회사를 위해 일하는데 우리도 힘내자!"

수학톡하자 7-3

"그래, 회사가 부자되면 나도 부자되는 거니까!"

모두들 같은 마음으로 돌아가면서 밤샘 작업을 하여 한시도 쉴 틈 없는 물량을 부족함 없이 소화해낼 수 있었습니다.

그럼 대충 사장의 회사는 어떻게 되었을까요? 신중 사장과는 다르게 입에 늘 불평을 달고 사는 대충 사장은 갑자기 바빠진 공장에서 하루 남아 물량 체크를 도와주었습니다. 그러나 곧 새벽을 넘기고는

"아이고, 이거 잠도 못자고 도저히 힘들어서 못하겠네. 자, 다들 알아서 일들 하다가 집에 가세요. 전 먼저 갑니다."

라는 말을 남기고 홀연히 먼저 회사를 나가 집에서 곤한 잠을 잤습니다. 그리고 그 날도 그 다음날도 역시 회사에 남아있다 싶다가도 늦어지는 시각에는 꾸벅꾸벅 졸다가 힘없이 집으로 돌아가곤 했지요.

사장님이 이러다보니 직원들의 불만은 계속 쌓여만 갔습니다.

"도대체 사장이란 사람은 자고 있는데 내가 왜 여기 남아서 이걸 하고 있어야 하는 거야?"

"그러게 말이야. 열심히 일해도 어차피 돈은 똑같이 받는 걸. 누가 바보처럼 열심히 일한담."

"힘이 없어서 못하겠어. 잠이라도 자야지."

"그래도 작업에서 빠지는 사람은 바로 해고라고 하던데?"

여러 이야기들을 나누며 작업장 사람들은 점점 의욕을 잃어갔습니다. 점점 대충 사장에 대한 원성이 높아진 것은 두말할 것도 없었지요.

"에잇, 누가 알아주지도 않는데 이 따위 것 열심히 만들어봤자 뭐해."

한 직원이 만들던 사다리를 던지며 말했습니다.

"그래 맞아. 그냥 대충 만들면 되지."

"그래 그래. 위 아래 평형을 뭐하러 맞춰. 그냥 그럴싸하게만 생기면 되는 거 아냐?"

모두들 서로의 말에 동조를 하기 시작했습니다. 사장을 닮아가기 시작한 직원들도 역시 모양만 그럴싸하게 대충대충 사다리를 만들기 시작했습니다.

"아이고 이거 그냥 되는대로 만드니까 전보다 훨씬 잘 만들어지네."

“그러게, 남는 시간에 우리 돌아가면서 잠이나 잡시다.”

“그래, 사장님께는 비밀로 하고 우리끼리 돌아가면서 몰래 자면 되겠다.”

이렇게 대충 사다리를 만들기 시작한 직원들은 전보다 더 빠른 속도로 일을 할 수 있었습니다. 신중 사장의 회사보다 사다리를 뚝딱 잘 만들어낸 이 B회사는 A회사보다 더 많은 사다리를 팔았습니다. 하지만 어찌된 일일까요? 사다리꼴 공장의 주문량은 갈수록 줄어들었습니다. 사다리를 올라가다 한쪽으로 계속 미끄러지는 이상한 일이 자꾸 일어났습니다. 그래서인지 한 쌍의 마주보는 변이 평행하지 않은 이 사다리를 사고 싶어하는 사람들은 더 이상 아무도 없었습니다.

아무리 요령이 좋아도 결코 원칙을 중시하는 사람에게는 결코 당할 수 없는 거랍니다. ★

-4

평행사변형 이야기

앞서 이야기했던 두 친구 이야기를 기억하고 있나요? 원리 원칙을 중시해서 직원들의 신임을 얻은 신중 사장과 요령을 피우다가 결국 직원들까지 자신을 닮아가게 만들었던 대충 사장. 그 뒤의 이야기는 불보듯 뻔한 결말이지요.

한 차례 나무 집 만들기의 유행이 지나가고 사다리의 수요는 점점 줄어들게 되었습니다. 덕분에 이미 망해버린 경쟁상대 B회사가 없어져 버렸음에도 불구하고 A회사는 더 이상 공장을 운영할 비용이 없을 정도로 사다리를 팔지 못하게 되어버렸답니다. 신중 사장은 하루종일 골똘히 책상에 앉아 생각했습니다.

'내가 데리고 있는 직원들을 그대로 데리고, 공장도 그대로 이용할 수 있을 만한 사다리 말고 더 많은 수요가 있는 좋은 아이템이 없을까?'

하루 종일 이런 생각으로 골치 아픈 싸움을 하던 신중 사장은 이것 저것을 꼼꼼히 따져 '사다리꼴 공장'의 이름을 '평행사변형 공장'으로 바꾸고 공장을 가동하기 시작했습니다.

나무 집 만들기의 유행을 지나 이제 사람들은 평행사변형 모양의 유리 플라스틱을 색깔별로 예쁘게 조합하여 아이들의 방을 알록달록하게 꾸며주는 것을 좋아하기 시작했습니다. 더불어 아이들의 방뿐만 아니라 욕실, 거실 등 가족이 모일 수 있는 공간이면 어디에든 화려하고 예쁜, 그리고 따뜻한 느낌이 나는 유리 플라스틱을 붙이는 것을 좋아했지요. 여러 가지 모양이 있었지만 그중 가장 유행하는 모양이 바로 평행사변형 모양이었습니다. 신중 사장은 그것을 염두에 두고 평행사변형 공장을 새로 만들게 되었던 것입니다.

예상대로 평행사변형 공장은 처음에는 운영이 어려운 듯했으나, 신중 사장의 고심 끝의 야심작이니 만큼 곧 어느 정도의 궤도에 올라서며 안정권에 진입하게 되었습니다. 다시 공장의 직원들과 신중 사장의 마음은 풍요로워졌지요.

어느 날 안정을 되찾은 신중 사장의 방으로 누군가가 찾아왔습니다. 바로 얼마 전 직원들의 파업과 구매자들의 높은 불만 끝에 결국 회사 문을 닫게 되어 거지처럼 지내고 있던 대충 사장이었습니다. 그의 깔끔했던 모습은 온데간데 없고 봐줄 수 없이 남루한 차림의 한 사내가 신중 사장의 앞에 서 있었습니다. 오랜 친구의 이런 모습을 본 신중 사장은 매우 마음이 아팠습니다. 친구가 지나갈 때마다 불쾌한 표정을 짓던 직원들과는 다르게 신중 사장은 반갑게 그를 맞이해주었습니다.

"어서 와, 그간 어떻게 지냈나?"

반가움을 표하는 자신의 오랜 친구의 모습에 대충 사장은 울컥 눈물이 나는 것 같았습니다. 평소에 자신이 그렇게나 무시하고 상처주는 말을 했는데도 아랑곳 않고 자신의 곁에서 친구의 역할을 다 해주었던 신중 사장의 모습이 문득 떠올랐기 때문입니다.

"내 꼴을 보면 짐작이 가지 않나, 어렵게 지냈네."

부끄러운 얼굴을 하며 대충 사장이 말했습니다.

"그래, 회사 문을 닫고 갑자기 연락 없이 사라졌길래 걱정 많이 했네. 그동안 어디 있었나?"

걱정스런 얼굴로 안부를 묻는 신중 사장의 배려에 대충 사장은 고개를 푹 숙이며 대답했습니다.

"여기 저기 있었지. 사실은 자네를 찾아온 이유는 따로 있는 것이 아니라."

말끝을 흐리는 대충 사장의 모습에 신중 사장은 의아한 눈빛을 띄었습니다.

"아니, 친구 사이에 뭐 어려울 말이 있나."

"그런데 그게 좀 염치가 없는 말이라."

신중 사장은 잠시 의문을 가진 듯 하다가 이내 알겠다는 표정으로 말했습니다.

"아, 그래. 자네 돈을 빌리러 왔나? 그런 것이라면 어려워 할 필요없어. 내가 빌려줄 수 있는 한도 내에서 빌려주겠네. 언제든 자네가 갚고 싶을 때 갚도록 해."

그러자 대충 사장이 고개를 저으며 말했습니다.

"아니네. 나도 염치가 있지 어떻게 늘 자네가 하던 말을 무시하고 이렇게 되었는데 그런 말을 하겠나. 다만…."

"다만? 어서 말해보게."

"그저 다시 일할 수 있도록 작은 일자리라도 하나 있으면."

신중 사장은 대충 사장의 손을 꼭 잡으며 말했습니다.

"이 사람아. 뭘 그걸 그렇게 어렵게 말하나. 당연하지, 자네가 원한다면 얼마든지 내어주겠네. 마침 공장 운영을 하는데 그걸 관리해줄 사람이 필요해. 자네라면 이미 경험도 있겠다 잘 할 수 있을거라 믿네."

이렇게 해서 신중 사장의 회사에서 일하기로 한 대충 사장. 다음 날부터 출근하기로 하고 돌아가는 대충 사장의 뒷모습이 왠지 모르게 무거워 보였습니다.

다음날이 되었습니다. 다시 신중 사장의 방에 찾아온 대충 사장의 모습은 어제와는 다르게 깔끔해져 있었습니다.

"이렇게 깔끔한 모습을 다시 보니 좋네. 하하."

수학톡하자 7-4

신중 사장은 웃으며 그를 반겼습니다. 그리고 그와 함께 공장으로 향했습니다.

"우리 공장이 전과는 다른 일을 하고 있다는 건 알고 있지 ?"

"이야기만 들었네. 업종을 바꾸었다고."

넥타이를 바르게 고쳐 메는 대충 사장의 모습을 바라보며 신중 사장이 말을 이었습니다.

"그래. 뭘 하는지는 들었나?"

"그냥 뭐든 시켜만 주게. 열심히 해보이겠네."

역시 옛날 습관이 남아서인지 대충 넘어가려고 하는 모습이 보이네요. 하지만 그의 눈빛으로만 봐도 결의가 달라졌다는 것을 신중 사장은 알 수 있었습니다. 예전과는 다르게 그의 눈에서 단호한 빛이 나고 있었으니까요. 드디어 공장에 도착했습니다. 공장에서 가장 오래 근무한 사람이 나와 사장님을 반겼습니다. 그리고 새로 온 관리자라는 말에 대충 사장에게 직원이 인사를 했고 세 사람은 공장으로 들어갔습니다. 그리고 직원이 대충 사장에게 이곳에서 무엇을 하는지 설명해주기 시작했지요.

"자, 여긴 평행사변형 유리 플라스틱을 만드는 곳이랍니다. 여기를 이렇게 저렇게…."

대충 사장은 설명을 듣다가 깜짝 놀란 것 처럼 되물었습니다.

"네? 평형이 두 개?"

그의 의외의 반응에 고개를 갸웃거리며 직원이 물었습니다.

"네. 그런데 무슨 문제라도?"

대충 사장은 손과 함께 고개까지 저으며 아니라고 말했습니다. 그리고 속으로 몰래 생각했지요.

'아니 사다리꼴 공장에서 마주보는 변이 한 쌍이었을 때도 골치가 아팠는데, 뭐? 이놈의 평행사변형 공장에서는 마주보는 변이 두 쌍 다 평행해야 한다구? 아이쿠 내 팔자야. 내가 저 신중이 놈 때문에 못살아~~' ★

-5

마름모와 직사각형

매일 싸우기만 하는 두 형제 영칠이와 영구는 오늘도 말다툼을 하고 있네요.

"이 바보야, 도대체 넌 제대로 할 줄 아는 게 뭐니?"

형인 영구가 동생 영칠이를 구박하고 있습니다. 하지만 영칠이 역시 형의 말에 한마디도 지지 않고 대듭니다.

"바보는 형이지! 도대체 어떻게 이걸 그렇게 생각할 수 있단 말이야?"

옥신각신하며 두 형제가 싸우고 있는 풍경은 이 마을

에서 아주 쉽게 볼 수 있는 풍경이랍니다. 마을 사람들은 '저 녀석들이 또 싸우고 있군.' 하고 속으로 생각하며 고개를 절레절레 저으며 지나갑니다.

"도대체 또 무슨 일이야?"

두 형제들에게 한 소년이 다가옵니다. 항상 영칠이와 영구가 싸울 때마다 둘의 싸움을 깨끗하게 해결해주는 똘이가 어디서 이야기를 들었는지 싸우고 있는 두 소년 사이에 끼어들었습니다.

"아니, 글쎄. 이 녀석이 바보같은 소리를 하잖아."

답답해 죽겠다는 얼굴로 영구가 똘이에게 말합니다.

"영칠이가 답답해 죽겠다고? 도대체 무슨 일인데 그래?"

똘이가 묻자 듣고 있던 영칠이도 뚱한 얼굴로 말합니다.

"형이 말도 안 되는 소리를 해서 내가 가르쳐줬을 뿐이야. 똘이 형은 영구 형 친구니까 우리 형이 얼마나 잘 우기는지 알잖아."

"도무지 무슨 말인지 모르겠으니까 일단 왜 싸웠는지 이유부터 들어보자."

또 다시 한판 붙을 기세로 서로를 노려보는 두 형제를

말리며 똘이가 자초지종을 물었습니다. 그 말에 서로의 눈치만 보던 두 형제 중 영구가 입을 열었습니다.

"우리가 땅따먹기 놀이를 하려고 바닥에 그림을 그렸단 말야. 내가 돌을 찾아오는 동안 영칠이 녀석한테 바닥에 사각형을 그려놓으라고 시켰어."

"응, 지금 이 바닥에 그려진 게 사각형이 맞는데 그게 왜?"

영구의 말을 듣고 내려다본 바닥에는 정말 사각형 두 개가 그려져 있었습니다.

"그런데 이게 내가 말한 사각형이 아니란 말이지. 나는 공평하게 땅을 나누어야 하니까 정사각형이면 좋겠다고 생각했거든."

영구가 이렇게 말하자 영칠이가 끼어들었습니다.

"그러니까 나는 정사각형을 그렸다니까!"

영칠이의 말에 똘이가 영구에게 말했습니다.

"네가 먼저 정사각형이 어떤 도형이다 이야기를 안 해줬으니 영철이가 직사각형을 그렸을 수도 있지."

영구가 순순히 그 말에 고개를 끄덕입니다.

"그래, 맞아. 내가 말을 안 해줬으니 잘못 그렸을 수도 있어."

“그럼 도대체 둘은 왜 싸운거야?”

“그래서 내가 돌아와서 이런 사각형을 말했던 게 아니다. 하면서 정사각형 모양을 그려놓고 앞으로는 이렇게 그려라 하고 직접 그려서 보여줬단 말이야?”

“응, 그런데? ”

똘이가 다시 묻자 영구는 또 다시 흥분한 목소리로 동생을 쳐다보며 말했습니다.

“그런데 저 멍청한 녀석이 내가 그린 사각형이 정사각형이 아니라는거야!”

다시 바닥으로 눈을 돌리자 영칠이가 그린 직사각형 바로 옆에 영구가 그린 듯한 마름모꼴이 그려져 있었습니다. 똘이가 영칠이에게 말했습니다.

“그럼, 영칠이는 형이 그린 이 도형이 뭐라고 생각하는데?”

똘이의 말에 영칠이가 대답합니다.

“그건 잘 모르겠는데 하여간 저 도형은 정사각형이 아니라니까 그러네.”

“뭐라구? 그럼 이게 정사각형이 아니면 뭐야! 너 학교에서 공부는 제대로 하냐?”

또 다시 목소리가 높아진 두 형제들 사이로 똘이가 끼어들어 둘을 말렸습니다.

"자 자, 진정들 해. 둘 다 틀렸으니까."

"뭐라구?"

서로 싸우기만 했던 두 형제가 똑같은 목소리로 똘이에게 묻네요.

앞의 이야기에서 여러분은 두 형제가 어떤 그림을 그렸다고 생각하나요? 마름모와 직사각형이 어떻게 다른지 여러분은 알고 있나요?

마름모는 네 변의 길이가 모두 같은 사각형으로, 능형(菱形)이라 불리기도 합니다. 마름모의 이름은 마름이라는 식물의 잎 모양에서 온 것입니다. 일본 사람들은 아직도 마름모를 능형이라고 부르고 있습니다. 그러나 일본으로부터 해방된 후 우리 나라의 수학자들이 순수 우리말인 '마름모'라는 이름으로 바꾼 것입니다.

사각형 ABCD가 마름모가 될 필요충분조건은 다음과 같습니다.

1. 두 쌍의 마주보는 변이 평행이다.
2. 네 변의 길이가 같다.
3. 두 대각선이 서로를 이등분한다.
4. 두 대각선이 만나서 이루는 각은 수직이다.

그렇다면 영철이가 그린 직사각형의 특징에는 어떠한 것이 있을까요?

직사각형을 살펴보면 다음과 같은 특징을 가지고 있습니다.

1. 두 쌍의 마주보는 변이 평행하다.
2. 네 각의 크기가 같다.
3. 두 대각선이 서로를 이등분한다.
4. 두 대각선의 길이가 같다.

자, 이제 여러분은 똘이가 왜 두 형제가 서로 다른 말을 하고 있는지 알 수 있나요?

그렇습니다. 영철이는 직사각형을 정사각형이라고 우기고 있었고, 영구는 마름모를 정사각형이라고 우기고 있었네요. 정사각형은 두 도형의 특징 모두를 함께 가지고 있는 도형이랍니다. ★

- 6

정사각형 이야기

나무 신을 모시는 정정마을에는 네 군데의 모퉁이에 수호나무를 가지고 있는 정사각형 모양의 호수가 있었습니다. 이 호수를 정정마을 사람들이 신성하게 여긴 이유는 언제부터 가지고 있었는지 모르는 정정마을의 보물인 '정정의 유래'라는 오래된 기록 때문이었습니다. 대대로 추장들에게 전해져 내려오는 이 기록은 정정마을의 초대(初代) 선조가 쓴 것처럼 보이는 마을의 이야기들이 있었습니다. 그중에는 이 마을을 지키고 있는 수호나무와 그것이 둘러싸고 있는 호수의 이야기도 있었습니다. 기록에 남겨진 내용에 따르면 이 호수가 신성성을 갖는 조건은 다음과 같습니다.

첫째, 마주보는 두 개의 변이 모두 평행해야 한다 정정마을은 남녀노소 직업에 관계없이 모든 사람들의 지위와 관계가 동등하게 이루어지기 때문이다.

둘째, 네 변의 길이가 같다. 정정마을 주민들은 단 한 명의 비뚤어짐 없이 서로를 단단하게 연결해 받쳐주고 있기 때문이다.

셋째, 모든 각이 직각이다. 우리 마을 사람들은 옳고 그름을 분명하게 판단할 줄 알고, 중심이 올곧기 때문이다.

넷째, 둘레의 길이가 같은 사각형 중에서 넓이가 가장 크다. 많은 수호신과 신념을 가지고 있는 다른 어떤 마을보다 주민과 신을 소중하게 생각하는 우리 마을은 그 어떤 곳보다 풍요롭고 아름답기 때문이다.

이렇게 마을 사람들에 대한 올바른 행동지침과 슬기로운 지혜들을 모아놓은 이 기록들을 새롭게 당대의 추장이 덧붙여 나가면서, 이제 이 기록은 정정마을 사람들에게는 없어서는 안 되는 큰 보물이 되었던 것입니다.

정정마을 사람들은 수호나무들이 자라는 호숫가에 모여 그 물을 '성스러운 샘물'이라고 하여 떠마시기도 하고 갓 태어난 아기들을 목욕시키기도 하였습니다. 그 덕분인지 수호신의 수호 아래 정정마을 사람들은 날로 그 수가 늘고, 건강했습니다.

하지만 호사다마(好事多魔, 좋은 일에는 흔히 방해되는 일이 많음)라고 사람들이 늘어나자 호숫가가 다툼의 장으로 변하기가 일쑤였습니다. 사람들은 서로 먼저 물을 떠먹으려고 언성을 높이기도 하고, 또 좋은 자리에서 목욕하려고 서로를 밀치기도 하였습니다. 이 모습을 지켜본 정정마을의 추장은 깊은 시름에 잠겼습니다. 그래서 마을의 어르신인 고(古)추장을 찾아갔습니다. 고(古)추장은 정정마을의 최고 원로인 초(初)고추장과 함께 있었습니다.

"어르신들, 이 일을 어찌하면 좋겠습니까?"

고추장과 초고추장은 이미 예견한 일이었다는 듯 고

개를 끄덕이며 입을 열었습니다.

"흠, 호수의 크기를 두 배로 늘려야겠네."

"네? 그럼 마을의 수호나무가 잠기지 않겠습니까?"

"그거야 나무를 잠기지 않게 만들어야지."

"네? 어떻게요?"

"허허, 생각해보게. 나무가 잠기지 않게 하면서도 지금보다 두 배의 크기로 그것도 정사각형 모양으로 어떻게 늘릴 수 있는지 말이네."

"…."

잠시 후 추장은 무릎을 탁 쳤습니다.

"아하! 그렇게 하면 되겠군요. 고맙습니다. 어르신들."

"허허허허!"

추장과 고추장, 초고추장은 호탕하게 한바탕 웃었습니다. ★

- 7

사각형의 특징

밥만이는 4교시 체육 수업이 끝나고 점심시간 종이 울리자 총알같이 교실로 뛰어 들어갔습니다. 아침도 먹지 않고 학교에 와서 4교시에 체육 수업까지 들었더니 배에서 꼬르륵 소리가 멈추지 않고 들렸기 때문이지요. 밥만이는 어느 누구보다도 먼저 교실에 도착해서 옷도 갈아입지 않고 도시락부터 꺼냈습니다. 아침 일찍 도시락을 싸주신 어머니에게서 아주 맛있는 냄새가 났던 것을 떠올리자 벌써부터 입안에 침이 고이기 시작했습니다. 좋다 못해 설레이기까지 한 이 순간을 즐기며 밥만이는 당차게 도시락 뚜껑을 열었습니다. 그런데 잠시 후, 밥만이의 깜짝 놀라는 목소리가 온 층에 울려퍼졌습니다.

"뭐야? 누구야? 내 김밥 먹은 놈이?"

밥만이의 울먹이는 목소리에 교실로 들어온 반 친구들이 하나 둘 모여들기 시작했습니다.

"도대체 무슨 일이야?"

"밥만아. 왜그래? 어디 다쳤어?"

걱정해주는 여학생들과 남학생들의 시선에도 아랑곳하지않고 밥만이는 이를 부드득 갈았습니다.

"내 도시락을 훔쳐먹은 놈이 우리 학교에 있어."

밥만이의 말에 다른 친구들이 혀를 차네요.

"쯧쯧. 오늘은 네가 걸렸구나. 우리 학교에 유명한 도둑이 있어. 맨날 체육하는 반 아이들 도시락들을 훔쳐먹고 달아나는."

한 친구의 말에 밥만이가 반응합니다.

"뭐? 그게 누구야, 근데 왜 도시락들?"

"한 명 도시락만 먹는 게 아니라 두세 명 도시락을 한

꺼번에 퍼먹고 간다니까. 먹성도 좋은 놈인 것 같아."

더욱 약이 오른 밥만이는 안되겠다며 다른 반 친구들을 찾아갔습니다.

"도시락 도둑? 글쎄, 나는 잘 모르겠는데, 아마 각 반마다 그 녀석을 찾고 있는 아이들이 있을 거야. 그 아이들하고 이야기해보는 건 어때?"

옆반 친구의 이야기를 듣고 밥만이는 도시락 도둑에게 당한 여러 명의 친구들을 만나러 다녔습니다. 그리고 방과후에 모여서 도둑에 대해서 의논하기로 했지요.

맛있는 밥과 반찬을 모두 빼앗기고 간단한 빵으로 점심을 때운 밥만이는 피해자 친구들과 만나기로 한 시간이 가까워질수록 더더욱 이를 갈았습니다.

'내가 꼭 네 녀석을 잡아서 다시는 밥 도둑을 못하도록 만들어주마!'

다짐을 하며 시간을 보내는 와중에 하교 시간이 되었고, 밥만이의 반에 아이들이 하나 둘 모였습니다. 모아놓고 보니 아까 아이들을 만나고 왔을 때 생각했던 숫자보다 훨씬 많아 서로 놀라는 눈치였지요. 그리고 다들 머리를 맞대고 서로가 얼핏 본 도둑의 얼굴과 들은 이야기들을 하나 둘 놓고 범인을 추리하기 시작했습니다.

"음~ 그놈 얼굴이 사각형이었던 같아."
가장 먼저 도시락 도둑을 맞았던 친구가 말했습니다.

"그럼, 이 중에 있겠군!"
점점 수사망이 좁혀져갑니다.

"두 쌍의 마주보는 변이 평행이었던 것 같아. 마주보는 각의 크기도 서로 같고…."
"그럼, 일단 사다리꼴은 아니군!"

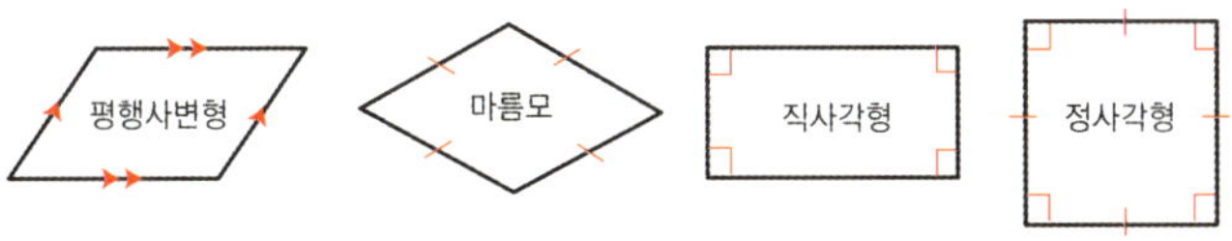

"이 중에서 두 대각선이 서로 이등분하는데, 수직이등분이었던가?"
"수직이등분? 그럼 마름모와 정사각형인데."

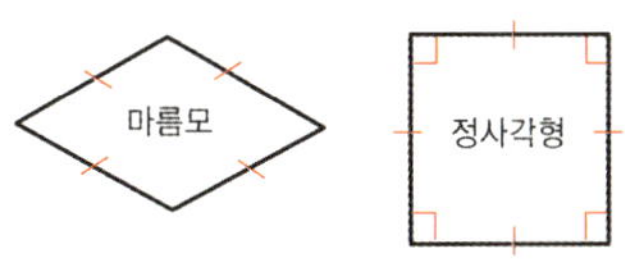

"아니야, 두 대각선이 서로 이등분하긴 하는데, 수직

이등분은 아니였던 것 같아."

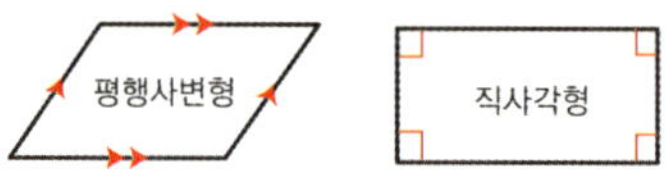

"흠. 그럼 평행사변형과 직사각형이네."

"아니야, 아니야, 다른 방향으로 생각해보자. 그렇지! 두 쌍의 마주보는 변이 평행하고, 마주보는 각의 크기도 같고, 그래! 네 각이 모두 직각이었어!"

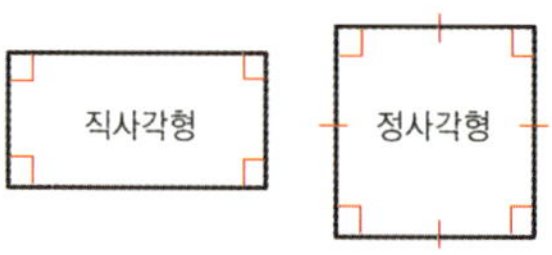

"그럼, 직사각형과 정사각형이다!"

"아 맞다! 네 변도 모두 같았어."

모두의 이야기를 종합하고나니 의외로 쉽게 범인의 인상착의를 알 수 있었습니다.

"고맙다, 친구들아. 범인을 알았어!"

밥만이는 통쾌하게 웃으며 범인을 찾으러 나갔습니다.

혼자서 아무리 해도 힘든 일을 해야 할 때 혼자만 끙끙 고민하지 말고 친구들과 함께 협동하여 일을 해결해 나가면, 훨씬 쉽게 풀리는 일들도 많답니다. ★

홍쌤의 수학톡하자 - 원

8-1 완전한 도형

8-2 인간의 위대한 발명품 ‘바퀴’

8-3 연필과 자만으로 반지름이 3cm인 원 그리기

8-4 원주율

8-5 원의 둘레와 지름과의 관계는 어떠한가?

8-6 원의 넓이를 구해봅시다

홍쌤의 수학톡하자

- 1

완전한 도형

무엇인가 골똘히 생각하면 다른 것에 전혀 신경을 못 쓰는 상해는 오늘도 곰곰이 생각을 하면서 걷습니다.

'동그라미, 삼각형, 사각형, 오각형….'

아마노 상해가 오늘 수학 시간에 배운 도형들을 생각하나 보군요. 걷다가 문득 발을 멈춘 상해는 생각했습니다.

'왜 이렇게 많은 도형이 있는데도 실제 생활에서 볼 수 있는 도형들은 몇 가지밖에 없는 걸까?'

심각한 얼굴로 걷고 있는 작은 체구의 상해는 어느 누가 봐도 고민이 많은 소년 같아 보였지요. 그런데 그 순간, 앞으로 걷고 있던 상해의 몸이 쑥 하고 도로에서 사라졌습니다. 저런, 〈공사중〉이라고 쓰였던 표지판을 못 보고 그대로 맨홀 구멍 속으로 빠져버렸네요. 다행이 다치지는 않았지만 하수구의 더러운 오물을 온통 뒤집어쓰고 집으로 돌아온 상해는 간단한 상처들을 치료하자마자 맨홀을 만드는 회사로 한걸음에 달려갔습니다.

"무슨 일로 오셨어요?"

회사의 한 직원이 상해가 들어오자 의아한 눈빛으로 물어봅니다.

"여기 맨홀 공사를 하시는 분하고 이야기 좀 하고 싶어서 왔어요."

잠시 후 한 아저씨가 나오셨습니다.

"무슨 일이십니까?"

"제가 어제 둥글동을 걸어가다가 맨홀 뚜껑이 열려 있

는 바람에 거기에 빠졌어요."

"저런, 어디 크게 다치신 데는 없으시구요?"

상해의 말에 아저씨께서 크게 놀라시며 상해를 살피셨습니다.

"다행이 다친 데는 없는데요, 왜 맨홀들을 다 동그란 모양으로 만드시는 거예요? 세모나 네모로 말들면 각이 져서 사람이 쉽게 빠지지 않을 텐데요?"

상해가 묻자 아저씨가 말도 안된다는 표정으로 물었습니다.

"네? 세모나 네모로 만든다구요? 그건 말도 안됩니다. 왜냐하면 만약 맨홀이 사각형 모양이라면 뚜껑의 한 변의 길이보다 구멍의 대각선의 길이가 크기 때문에 구멍 속으로 빠질 수 있어요. 하지만 맨홀이 원 모양이라면 맨홀 뚜껑의 지름이 구멍의 지름보다 항상 크기 때문에 결코 빠지지 않죠. 그리고 어느 방향에서도 대칭이기 때문에 아무렇게나 뚜껑을 쉽게 덮을 수 있기 때문에 원으로 만드는 거랍니다."

아저씨의 말을 듣고 상해는 또 다시 곰곰이 생각에 빠졌습니다.

"아저씨 말을 듣고보니 그것도 일리있는 말이네요."

"그렇죠? 자, 그럼 이제 궁금증이 해결이 되셨습니까?"

안심하는 듯 한 아저씨의 말이 끝나기 무섭게 상해는 또 다시 궁금증이 생겼습니다.

"그런데요 아저씨, 그러면 원이랑 비슷한 모양인 8각형이나 12각형 모양으로 만들면 아까 말한 것처럼 뚜껑 문제도 해결되지 않을까요? 그리고 각이 지니 위험도 좀 덜하구요."

상해의 질문에 아저씨의 눈이 동그래졌습니다.

"네? 아니 뭣 때문에 그렇게 하죠? 어차피 원하고 비슷한 모양으로 만드는 건데 그럴 거면 그냥 원으로 만들지 힘들게 뭣하러 각을 지게 합니까. 이것 참."

답답하다는 듯 뒷머리를 긁적이는 아저씨는 도무지 상해가 이해되지 않으시나 봅니다.

"그러니까, 원이랑 비슷해도 원은 아니니까 사람이 좀 덜 빠질 게 아니냐는 말이죠!"

"맨홀 공사중일 때 저희는 항상 앞에다가 공사중이라고 위험 표시를 한답니다. 그 표지판은 보셨나요?"

아저씨의 질문에 뜨끔해진 상해가 머뭇거리며 대답했

습니다.

"네 뭐. 빠지고 나서 나와 보니까 앞에 있는 것을 알았죠."

"제 생각엔. 맨홀 뚜껑 모양 때문이 아니라 학생이 부주의하게 공사 중 표지판을 안보고 갔기 때문에 빠진 것 같은데요. 앞으로는 조금 더 주위에 신경 쓰면서 다니는 게 다시는 이런 일이 없게 하는 방법인 것 같네요."

아저씨의 말을 듣고 상해는 또 곰곰이 생각을 하다가 그제서야 아저씨의 말에 수긍하고 회사를 나왔습니다. 집으로 돌아가는 길에 상해는 또 다시 곰곰한 생각에 잠겼습니다.

'그렇군, 주변에 보이는 사물들을 다 비슷한 모양의 도형으로 쓰는 데에는 다 이유가 있었구나.'

오늘도 한 가지 얻어가는 상해의 걸음걸이가 빨라집니다. 하지만 전처럼 하늘만 쳐다보며 걷고 있진 않네요.

주변에서 원을 찾아보면 맨홀말고도 가는 곳곳에서

원을 발견할 수 있을 것입니다.

둥근 접시는 다른 모양의 접시보다 더 많은 음식을 담을 수 있으며, 테이블 가장자리로 떨어질 가능성도 가장 낮습니다. 둥근 모양의 피자는 최소한의 반죽을 사용하여 최대의 공간을 채우게 해주며, 토핑을 얹을 수 있는 최대의 면적을 제공합니다. 둥근 테이블은 같은 길이로 다른 어떤 모양보다도 더 많은 면적을 차지하기 때문에 더 많은 접시를 올려놓을 수 있습니다.

이렇듯 원은 완전한 도형으로 명명되기에 손색이 없는 것입니다. ★

8-2 인간의 위대한 발명품 '바퀴'

늘 아옹다옹하며 서로가 잘났다고 뽐내던 세모네모 돌이 있었습니다. 그리고 그들의 친구 둥근돌이 있었지요. 세 친구들은 언제나 함께 다녔습니다.

어느 한가로운 봄날의 일이었습니다. 무료하게 시간을 보내던 세 친구들 중 세모돌이 말했습니다.

"나는 아주 완벽한 모양인 것 같아. 날씬하게 잘빠진

것도 모자라 모든 도형의 시작이기도 하지. 이거야말로 내가 도형 중 가장 위대하다는 말 아니겠어?"

오늘도 역시 자신을 뽐내는 말로 하루를 시작하는 세모돌의 말에 질 수 없다는 듯 네모돌이 말했습니다.

"도형이 기본이 너일지는 몰라도 사실 가장 위대한 도형으로 말할 것 같으면 단연 나지! 나는 그 어떤 것도 만들 수 있어. 세상의 모든 것들은 다 나의 아름다움을 알고 나의 모양을 본따서 만들어지지. 나를 자르면 세모널 만드는 것도 식은 죽 먹기라고!"

네모의 말에 자존심이 상한 세모돌이 말했습니다.

"네가 예쁘고 대단해서 사람들이 널 본따 쓰는 거겠니? 너는 그냥 평범한 거야. 어딜 가나 흔하게 쓰이는 거지. 그리고 넌 나처럼 모양을 자유자재로 바꾸지 못하잖아. 기껏 만들어봐야 직사각형, 정사각형인데 네가 뭘 그렇게 잘났다는 거니?"

하지만 세모의 말에 기 한번 죽지 않고 네모가 말을 이었습니다.

"바로 그거야! 나는 어떻게 만들든 항상 대칭을 이루지. 너처럼 변덕스러운 도형이 아니야. 차분하고 안정

되어 있지! 완벽하고 치밀하게 대칭을 이루는 나의 네 각을 보라구! 얼마나 믿음직스러운지."

두 친구들의 싸우는 내용을 듣고 있던 둥근돌이 조용히 웃습니다. 평소에도 말이 없는 둥근돌은 항상 두 친구들이 싸울 때마다 옆에서 구경을 하다가 싸움이 끝나면 또 다시 조용히 합류하는 그런 친구였습니다. 그래서 늘 세모돌과 네모돌은 불만이 많았지요.

"또 웃네, 저 바보자식. 우리가 싸우는게 그렇게 우스운가?"

둥근돌의 웃음소리를 들은 네모가 작은 목소리로 세모에게 말했습니다.

"그러게나 말야. 애초에 나는 재가 맘에 안 들었어. 도형의 아름다움이라고 할 수 있는 각이 둥근돌한테는 있지도 않잖아. 그런데도 도형에 껴서 있는 꼴이라니, 정말 우습지 않아?"

예민하고 날카로운 세모가 날카로운 말로 둥근돌의 험담을 했습니다. 그 소리를 들었는지 아니었는지, 둥근돌은 그저 웃기만 하네요.

"좋아, 그럼 내기를 하자!"

좋은 수가 생각났다는 듯이 개구지게 웃는 세모돌의 말에 네모돌이 물었습니다.

"내기? 무슨 내기?"

"달리기 경주를 하는 거야! 그래서 먼저 들어가는 돌을 우리가 형님으로 모시는 거지."

"그래, 그거 좋은 생각이다! 둥근돌, 네 생각은 어때? 좋지?"

세모돌과 네모돌이 하는 대화를 듣던 둥근돌이 조용히 고개를 끄덕였습니다.

경주가 시작되었습니다.

"오늘 경주에서 1등한 사람을 형님으로 모시는 거다."

"좋아!"

"물론이지!"

세모돌과 네모돌 그리고 둥근돌이 경주에 앞서 다짐을 합니다.

"준비, 땅!"

덜커덩덜커덩 세모돌은 얌체처럼 앞서 출발합니다. 놀란 네모돌은 덜컹덩컹 뒤따라 출발합니다. 입가에 웃음을 달고 그 모습을 지켜보던 둥근돌은 숨을 훅 들이 마시더니 순식간에 데구르르 내달립니다. 세모돌과 네모돌은 깜짝 놀라서 힘겹게 내달리던 걸음을 멈추고 서로의 얼굴을 쳐다봅니다.

"방금 휙 지나간 게 뭐야?"

"설마, 둥…근…돌?"

늘 각을 잡고 서로 잘났다고 뽐내던 세모돌과 네모돌은 별로 말도 없고 각도 없다고 무시하기만 했던 둥근돌의 경주 실력에 입을 다물 수가 없었습니다. 그리고 두 친구들은 여태 무시하기만 했던 둥근돌을 다시 보게 되었답니다.

바퀴는 인류 역사상 가장 위대한 발명품 중의 하나입니다. 자동차나 버스, 기차, 비행기와 같은 교통수단뿐만 아니라 운동기구인 인라인스케이트나 자전거 그리고 생활용품인 여행용 가방, 바퀴달린 의자 등 우리 주위에는 바퀴를 이용한 다양한 물건이 많이 있습니다.

바퀴는 누가 발명했는지 정확히 알 수 없습니다. 역사상 가장 오래되었다고 하는 바퀴는 BC. 3500년경 메소포타미아 유적에서 발굴된 전차용 바퀴로 통나무를 둥글게 자른 원판바퀴였다고 합니다. 그 당시 메소포타미아인들은 토기를 만들 때 쓰는 둥근 회전판에서 아이디어를 얻어서 바퀴를 만들고, 그것을 수레에 달았다고 합니다. 하지만 손수레는 사람의 힘으로 밀어야 했기 때문에 아주 무거운 짐은 옮길 수 없었습니다. 그래서 사람들은 동물의 힘을 이용하기 시작했습니다. 소나 말과 같은 동물이 끄는 수레는 그 후 전차나 마차로 발전했으며, 바퀴는 교통수단의 발달에 큰 역할을 했습니다. ★

- 3

연필과 자만으로 반지름이 3cm인 원 그리기

우선 점 하나를 찍고, 이 점을 O라고 합시다. 이 점이 원의 중심이 됩니다. 그리고 점 O에서 3cm 되는 곳에 점 P_1을 그립니다.

그리고 P_1, P_2, P_3, P_4, P_5, P_6, P_7, P_8, P_9, P_{10}이라고 부르는 10개의 점을 역시 O에서 3cm 되는 곳에 그립니다.

수학톡하자 8-3

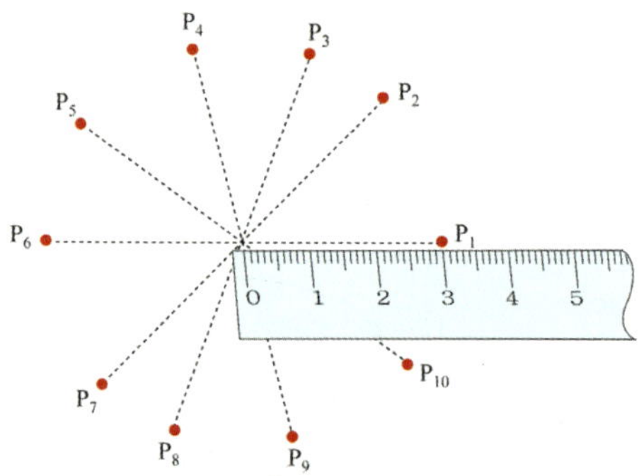

(P_{11}, P_{12}, P_{13}, P_{14}, P_{15}, P_{16}, P_{17}, P_{18}, P_{19}, P_{20})을 역시 3cm 되는 곳에 그립니다.

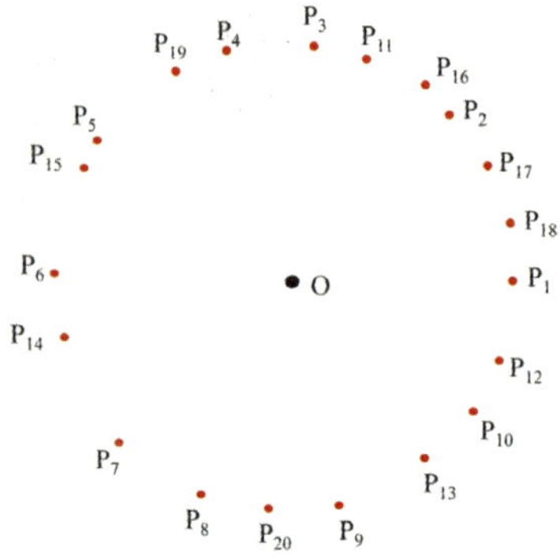

이제 우리가 그린 20개의 점을 조심스럽게 연결해 봅시다. 어떤 모양에 가까워지고 있나요? 이런 식으로 수많은 점들을 그리면 원을 얻게 됩니다. ★

- 4

원주율

제법이와 궁금이는 오늘 배운 파이에 대해서 생각했습니다. 함께 앉아서 공부하던 궁금이가 문득 생각났다는 듯이 제법이에게 물었습니다.

"원주율이 파이라고? 왜 파이라고 했을까? 누가? 언제부터?"

그러자 제법이가 자신 있다는 듯이 말했습니다.

"기원전 2000년 전부터!"

"어? 오제법, 네가 그걸 어떻게 알아?"

대단하다는 표정을 지으며 궁금이가 정말 궁금한 표정으로 제법이에게 묻네요.

"흠! 그 당시 사람들이 손으로 원의 지름을 잰 다음에 원의 둘레를 구했더니 지름의 3배를 하고도 조금 남더래. 그래서 원주율을 '3하고 조금 더'라고 짓자고 하니까 다른 한 사람이 '파이'라고 짓자고 하더래."

설명을 들은 궁금이는 아~, 하면서 고개를 끄덕였습니다. 그렇지만 아직 궁금한게 다 풀린 건 아닌가 보네요. 궁금이는 또 다시 고개를 갸우뚱 하면서 제법이에게 물어보았습니다.

"기원전 2000년 전부터라는 건 알았는데, 도대체 왜?"

"왜라니? 그렇게 해서 파이라는 이름이 붙여진 거래도?"

열심히 설명해준 제법이가 한심하다는 듯 궁금이를 쳐다보았습니다. 그러자 궁금이가 말했습니다.

"아니 아니, 그런데 왜 하필이면 이름을 '파이'라고 붙였나는 말이지."

원주율

궁금이의 말을 들은 제법이는 이제야 알아들었다는 듯이 웃으며 다시 한번 자신감 있는 목소리로 말했습니다.

"아, 왜 파이라는 이름을 붙였냐고? 파이라는 이름을 지은 그 당시에 사람들이 모두 너처럼 궁금증을 가졌어. 왜 '파이'일까. 그래서 이름을 짓자고 말한 사람에게 그 이유를 물었더니 원은 둥글고 파이도 둥글기 때문에라고 하더래."

제법이의 말을 들은 궁금이는 어이가 없다는 목소리로 말했습니다.

"아니, 그럼 처음에 말한 사람이 사과라고 말했으면 사과가 되는 거였네?"

제법이가 어깨를 으쓱했습니다.

"말하자면 그렇다고 볼 수 있지. 나 같았으면 계란이라고 붙였을 거야."

"너는 왜 또 계란이니?"

"맛있게 생겼으니까. 수학 공부하다가 계란이 나오면 기분이 좋을 것 같아."

제법이의 엉뚱한 말에 궁금이가 웃습니다.

"히히, 그럼 원의 둘레를 구하려면 지름 곱하기 계란

을 하면 되겠네?"

그러자 제법이가 손바닥을 짝 치면서 말했습니다.

"바로 그거야, 왕궁금! 너 보기보다 머리가 좋구나?"

"너야말로 제법이야, 오제법. 계란이라니 하하하."

한참을 웃으면서 둥근 모양의 것들을 파이 이름 대신 넣어보던 두 친구들의 노트에는 어느새 둥근 이름들로 가득찼네요.

"지구, 포도, 달, 복숭아, 케익…. 와 진짜 많다. 그런데 네가 한 말이 정말 맞는 말이야 ? 파이가 그렇게 이름지어졌다는 게?"

궁금이의 말에 제법이가 다시 한번 어깨를 으쓱했습니다.

"아니면 말구~ 히히."

원주율을 흔히 π라고 표시하는 이유는 그리스어로 둘레를 뜻하는 '$\pi\varepsilon\rho\iota\mu\varepsilon\tau\rho o\zeta$'의 첫 글자에서 따왔기 때문에 누가 처음 사용했는지 확실하지 않지만 18세기 스위스의 저명한 수학자 겸 물리학자인 '오일러'가 자신의 저서에서 쓰기 시작한 후부터 다른 학자들도 이 표현을 따랐다고 합니다.

소수 둘째 자리까지의 정확한 원주율을 처음으로 계산해낸 이는 그리스의 수학자 '아르키메데스'인데 아르키메데스는 다각형들을 원에 내접, 외접시켜 가면서 원주율을 계산한 결과, $\frac{223}{71}$(3.14084...)보다는 크고, $\frac{22}{7}$(3.14285...)보다는 작다는 사실을 알았습니다. 즉 π = 3.14…라는 값을 밝힌 것이며, 이 근삿값은 오늘날까지도 널리 쓰이고 있습니다.

최근 원주율의 값을 소숫점 아래 1조 2411억 자리까지 구했다고 합니다. 그것도 슈퍼컴퓨터로 4백 시간 정도 계산해서 말입니다. 하지만 인공위성의 발사와 같은 중대한 경우라도 소수점 다섯째 자리에서 반올림한 π = 3.1416 정도면 충분하다고 합니다. ★

- 5

원의 둘레와 지름과의 관계는 어떠한가?

원의 둘레의 길이(원주) = 원의 지름 × 3.14(원주율)

위의 식은 원의 둘레의 길이를 구하는 공식입니다. 3.14는 앞의 주제에서 배웠던 원주율, 즉 파이를 간단하게 줄여서 만든 수치이지요.

원의 둘레와 지름과의 관계는 어떠한가?

원의 둘레의 길이를 구하고자 한다면 당연히 '원의 지름 × 3.14'를 할 것입니다. 아직 배우지 않았다고 하더라도 여러분들은 언젠가 저 공식을 이용하여 원의 지름과 넓이들을 구할 것입니다. 처음에는 다소 어렵게 느껴지겠지만 나중에는 매우 쉽게 느껴지는 공식이 되지요.

그렇다면 먼 옛날에 살던 사람들은 원의 지름이나 원의 둘레를 어떻게 구했을까요? 사실 원의 지름의 길이는 쉽게 구할 수 있었을 것입니다. 왜냐하면 원의 중심을 지나고 원의 양 끝을 연결하는 선분의 길이를 재면 되기 때문입니다. 지름의 길이는 원의 중심만 지나면 어느 곳에서 재든 그 길이는 같습니다. 여러분도 원이라는 도형을 공부하면 이러한 특성들을 이용해 여러 수학 문제들을 풀게 될 것이니 잘 기억해두면 좋겠죠?

원 둘레의 길이는 어떻게 구했을까요? 지금처럼 공식이 만들어져 있지 않았을 때 둘레의 길이를 구했던 방법에 대해서 알아봅시다. 그리스 시대에는 원의 둘레를 아래와 같은 방법으로 직접 구했습니다. 지금은 이렇게 구하지 않지만 원의 둘레와 지름과의 관계를 미처 생각하지 못했던 이 시대에는 이것이 최선의 방법이었을 것입니다.

그래서 수학자들은 이러한 번거로움에서 벗어나기 위해 원주와 지름의 관계를 알아내기 위해 노력했던 것입니다. 덕분에 우리들은 편안하게 고대 수학자들이 구해놓은 공식에 맞게 계산만 하면 손쉽게 원의 둘레와 넓이를 구할 수 있게 된 것이지요. ★

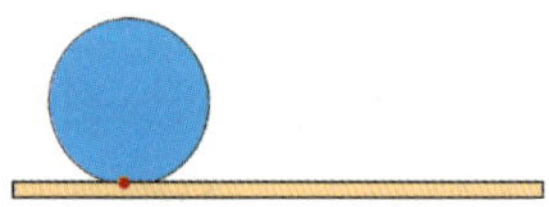

원판에 시작점을 표시합니다.

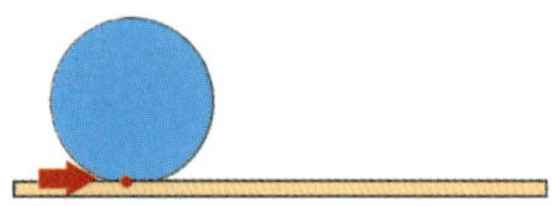

바닥부분에도 시작점을 표시합니다.

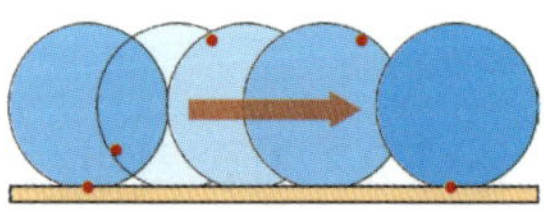

원판을 한 바퀴 굴립니다.

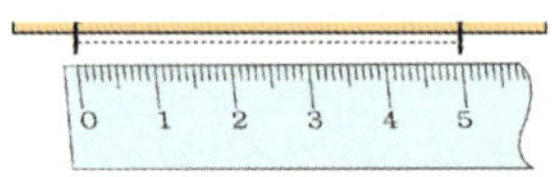

시작점과 끝점의 길이를 눈금자로 측정합니다.

🖐-6 원의 넓이를 구해봅시다

고대 이집트 사람들은 삼각형과 사각형 같은 간단한 도형의 넓이는 구할 수 있었지만, 복잡한 도형의 넓이는 구할 수 없었습니다. 그래서 나온 방법이 실진법입니다. 실진법은 간단한 도형들을 이용하여 복잡한 도형의 면적을 메워서 넓이를 구하는 방법입니다.

그렇다면 이 실진법을 이용해 원의 넓이를 구할 수 있

을까요? 머릿속으로 생각해보았을 때, 원에 들어갈 수 있는 도형은 원 외에는 없어 보입니다. 삼각형이나 사각형이 원에 들어갔다고 하더라도 나머지 부분은 도무지 어떤 도형으로 채워야 할지 머릿속에 그려지지 않습니다. 대부분의 친구들에게 원의 넓이를 구해보라고 하면 이러한 이유때문에 막막해하곤 하죠.

그런데 이렇게 머릿속으로 고민하지 않아도 간단한 방법으로 원의 넓이를 실진법으로 구할 수 있답니다.

자, 그렇다면 실진법으로 원의 넓이를 구하는 방법을 이해해보도록 합시다.

먼저, 원을 6개의 조각으로 나누어 봅니다. 우리가 피자나 파이를 먹을 때처럼 말입니다. 그리고 피자의 삼각형 모양만 남도록 빵 부분을 잘라낸다고 생각해보면 원 안에 6개의 똑같은 모양의 삼각형이 생깁니다. 이제 위에서 이야기한 실진법을 사용하여 삼각형 6개의 넓이를 구합니다. 여기서 색이 칠해진 부분은 실제 원의 넓이와 삼각형 6개의 넓이의 차이를 나타낸 것입니다.

원의 넓이를 구해봅시다

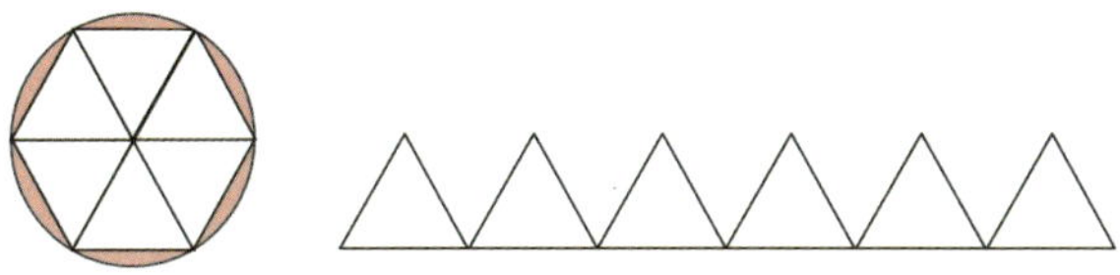

그렇다면 이 색칠한 부분이 적어질수록 실제 값과 가까워지고 있다는 의미겠지요? 이제 이 부분을 줄이는 방법에 대해서 생각해봅시다.

색이 칠해진 부분에 다른 도형을 넣고 그 도형의 넓이를 점점 더 늘려가며 색깔 부분을 없애는 편이 나을까요? 여러분은 어떻게 생각하나요?

이 검은색 부분, 즉 차이를 줄이기 위해서 원을 8개의 삼각형으로 메워보았습니다. 그리고 차이를 더 줄이기 위해서 더 작게, 더 작게 나누었습니다. 아래 그림을 보면 색칠한 부분이 점점 줄어드는 것을 알 수 있습니다.

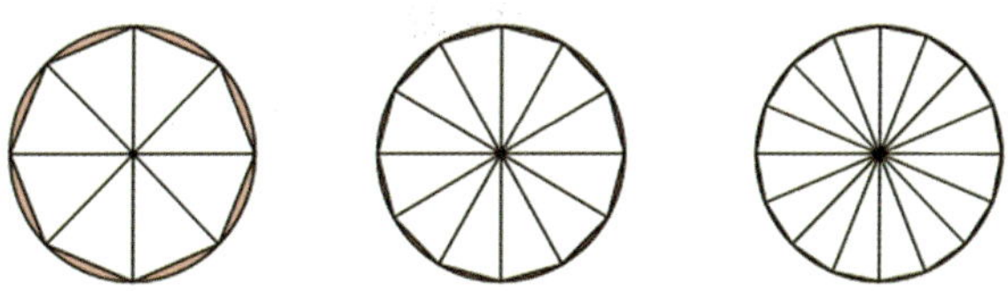

수학톡하자 8-6

이렇게 해서 구해지는 것이 바로 원의 넓이를 실진법으로 계산하는 방법이었습니다. 앞에서 말했듯이, 지금은 원주율을 알고 있기 때문에 이렇게 번거롭게 계산할 필요가 없었지만 그 당시의 사람들에게는 매우 유용한 방법이었다고 합니다. 원 안에 들어가는 세모의 개수를 늘리면서 가장 유사한 근사치로 원의 넓이를 구했을 옛날 사람들을 생각하면 지혜롭다는 생각이 들지 않나요? ★

교우수학놀이공원 1

홍쌤의 수학톡하자 ❶ 수와 평면도형

초판 1쇄 발행 | 2012년 1월 30일

지 은 이 홍선호
펴 낸 이 오상훈
펴 낸 곳 교우미디어

주 소 서울시 동대문구 제기동 148-19
전 화 (02) 925-2866
팩 스 (02) 925-2860
이 메 일 kwm2011@hanmail.net
홈페이지 www.kyowoo.co.kr
등록번호 제305-2011-000007호

ISBN 978-89-968148-1-8 74410
978-89-968148-0-1 (전5권)
값 13,000원

교우미디어는 교우사의 임프린트 출판브랜드입니다.